Nos années
APOSTROPHES

DIRECTION ÉDITORIALE
Emmanuel Clerc – Guillaume Robert

DIRECTION ARTISTIQUE
Claude-Olivier Four – Audrey Sednaoui

DIRECTION DE LA PHOTOGRAPHIE
Véronique Clavier

RELECTURES
Anna Erre – Augustin Théry

FABRICATION
Louisa Hanifi – Manon Pouch

PHOTOGRAVURE
Atelier Frédéric Claudel, Paris

ISBN : 9782080464583
Numéro d'édition : 642882

Nos années
APOSTROPHES
50 ANS DE LIVRES ET D'IDÉES

Flammarion ina

« *Apostrophes* est une exception française, une exception culturelle. »

Augustin Trapenard, *Rembob'INA*, 2023.

Une exception française

PAR LAURENT VALLET, PRÉSIDENT DE L'INA

Le 10 janvier 1975, la toute nouvelle *Antenne 2*, née quatre jours plus tôt à la faveur de l'éclatement de l'ORTF, propose un nouveau magazine littéraire. À 21h40 un jeune journaliste qui a décidé de faire de la lecture son métier fixe les téléspectateurs dans les yeux. Puis résonne le concerto pour piano n° 1 de Rachmaninov. Ce premier d'une longue série de rendez-vous avec les Français fait face à la rude concurrence du vendredi soir : France 3 diffuse *Les Cent Fusils*, un western avec Raquel Welch. Pourtant, c'est bien Bernard Pivot et son premier numéro d'*Apostrophes* qui, ce soir-là, remporteront les faveurs du public. Quinze ans durant et à une heure de grande écoute, l'émission mettra le livre, tous les livres, à l'honneur et réunira chaque semaine plus de deux millions de téléspectateurs. Une exception française.

De 1975 à 1990 et en 724 émissions, *Apostrophes* a accueilli des débats animés sur des thèmes toujours plus éclectiques, reçu les plus grands écrivains du siècle, futurs Goncourt ou Nobel de littérature. Sur le plateau d'*Apostrophes*, le dissident soviétique Alexandre Soljenitsyne donne son premier entretien télévisé ; le linguiste Claude Hagège joue sur les mots avec Raymond Devos ; Françoise Sagan et Roland Barthes parlent d'amour ; Serge Gainsbourg insulte Guy Béart ; Simone Signoret refuse d'être une star ; Marguerite Yourcenar évoque l'échec, Marguerite Duras convoque Dieu. Et c'est toute une époque qui prend vie !

Aujourd'hui, un demi-siècle après la première diffusion de l'émission et en écho à l'immense émotion suscitée par la récente disparition de son créateur, Bernard Pivot, l'Institut national de l'audiovisuel (INA) est heureux de présenter aux lecteurs *Nos années Apostrophes*, un beau livre co-édité avec les éditions Flammarion. Sans prétendre à l'exhaustivité, l'ouvrage rassemble en images les moments forts du plus célèbre magazine littéraire de la télévision française : près de 250 clichés inédits issus du fonds photographique de l'INA, fruits du travail d'une corporation trop souvent méconnue, celle des photographes de plateau, capteurs de fragiles instants de télévision à qui le livre veut également rendre hommage.

Janvier 1975 marque aussi la naissance de l'Institut national de l'audiovisuel. Cinquante ans plus tard, une ambitieuse politique de valorisation de ses collections sur tous les réseaux et pour tous les publics a fait de l'INA un média unique en son genre, un média patrimonial de service public, ancré dans le temps long et la culture populaire. Les centaines d'heures d'archives d'*Apostrophes* constituent à ce titre l'un de ses plus précieux trésors que ce livre, au croisement des mots et des images, vient partager de façon inédite.

Merci

PAR AUGUSTIN TRAPENARD

C'est d'abord le souvenir d'une interpellation. Après tout, c'est cela, une apostrophe. Je ne suis encore qu'un petit garçon, affalé sur le lit de mes parents, sans doute enchanté à l'idée de regarder la télévision. On n'a pas vraiment le droit, dans ma famille, sauf le vendredi soir : « Le seul programme digne de ce nom ! » Ce jour-là, c'est beaucoup plus que ça. C'est une révolution. Il y a ce grand et beau monsieur que mes parents observent avec tant d'admiration. Il a les yeux pleins de larmes quand il évoque les lettres qu'un écrivain lui a envoyées et qu'il a rassemblées, bien après sa mort, pour les publier. Bernard Pivot refuse que l'on parle d'amitié. Il n'est jamais brusque mais ne s'en laisse pas conter. À un moment, il lui demande de lire une lettre mais l'invité bute sur un mot. Il dit que c'est difficile parce qu'il n'a pas ses lunettes. Il y a sans doute un peu de vrai mais on a tous remarqué que c'est sur le mot « cœur » qu'il a trébuché. Alors, avec une infinie pudeur, Bernard Pivot prend le relais et lit les mots de Jean Cocteau adressés à Jean Marais. Il conclut en parlant d'amour et le vieil acteur lui dit merci. Moi aussi, j'ai envie de lui dire merci. Je ne sais pas très bien pourquoi. Je ne sais rien de tout ça. Je suis tout petit. Mais quelque chose me dit que je m'en souviendrai toute ma vie.

Presque quarante ans plus tard, j'en parle à Bernard Pivot. C'est la dernière fois que je le vois. On est au début du mois de septembre, dans un petit restaurant où il m'invite à déjeuner. Avec cette insolente vivacité qui ne l'a jamais quitté, il me demande pourquoi je fais ce drôle de métier. « Pour ce merci », je lui dis. Il sourit, et me raconte qu'au-delà de l'enjeu qu'il y a à révéler cet amour à la télévision, ce soir-là, il se souvenait d'avoir été ému et trouvait épatant qu'encore aujourd'hui cette émotion soit partagée. Il me dit que c'est un beau métier que de mettre des gens en avant. Après tout, c'est aussi cela, une apostrophe. Un placement dans le corps de la phrase, une antéposition grammaticale, une mise en avant, littéralement, de celui ou celle que l'on interpelle. On a parlé de Marguerite Duras et des silences qu'il lui avait accordés, de la caméra qui s'attardait sur les mains de Vladimir Nabokov, des yeux de Jean d'Ormesson dont il ne fallait manquer aucune expression sous peine d'être en retard sur la discussion. On a parlé de l'art de la question. Et puis des polémiques, des brouilles et des embrouilles de papier qu'il provoquait volontiers mais durant lesquelles il se mettait toujours en retrait. Avec lui, c'était toujours l'écrivain qui devait être en premier.

Quand on parcourt, en feuilletant les pages de ce beau livre, les quinze années d'*Apostrophes*, on est frappé par la façon dont Bernard Pivot a su s'effacer. Au fond, ce que l'on retiendra toujours, c'est l'émotion de Simenon, le tremblement de Kundera, l'autorité de Soljenitsyne : il suffit de tendre l'oreille pour entendre leur souffle à nouveau. J'aimerais que l'on se souvienne aussi de celui qui les a recueillis. De l'élégance avec laquelle il menait son plateau, préférant toujours l'ombre à la lumière qui éblouit. Après tout, c'est aussi cela, une apostrophe.

C'est une élision, un effacement, une voyelle qui s'éclipse devant une autre. Et miracle de la typographie, l'apostrophe se place à distance des autres lettres : en hauteur, pour être précis. Je regrette aujourd'hui de ne pas lui avoir dit. Il va sans dire que sans *Apostrophes*, il n'y aurait pas de *Grande Librairie*. Pas de programme entièrement dédié à la littérature en *prime time* sur le service public. Pas d'espace pour que les écrivains nous aident à penser le monde tel qu'il vient. Pas de prise de distance, pas de hauteur de vue, pas de salutaire résistance à l'épilepsie de l'information. Pour tout cela, à l'image de Jean Marais, un vendredi soir dans les années 1980, s'adressant à Bernard Pivot, à la télévision, je voudrais lui dire merci.

SÉRIE NOIRE
GALLIMARD
LÉO MALET
LÉO MALET

À propos de Soljenitsyne

11 AVRIL 1975

Invités : Alexandre Soljenitsyne, Jean d'Ormesson, Jean Daniel, Pierre Daix, Nikita Struve, Georges Nivat

« Tout l'esprit de mon *Archipel* est de montrer que ceux qui sont privés non seulement de nourriture et de vêtements, mais aussi d'espoir de vivre, peuvent, malgré ces privations, éprouver un immense élan spirituel. »

Alexandre Soljenitsyne

Alexandre Soljenitsyne, 57 ans, à l'occasion de sa première apparition à la télévision. Rescapé du goulag, il est celui qui est devenu écrivain « dans un lieu où écrire est impossible et interdit » (Pierre Daix) et qui réussira la prouesse d'apprendre par cœur ce qu'il souhaitait écrire. Durant l'émission, l'auteur annonce : « L'écrivain que vous voyez devant vous, c'est la prison qui l'a fait. » On aperçoit derrière lui Claude Durand, son éditeur en France.

Alexandre Soljenitsyne signe des exemplaires de son livre *Le Chêne et le Veau*. Le titre du livre est issu d'un proverbe russe, qui, d'après Soljenitsyne, illustre bien son « combat littéraire contre le gouvernement », le chêne représentant le pouvoir écrasant et le veau « n'importe qui qui ose affronter, résister à cette force ». *L'Archipel du goulag* a paru deux ans plus tôt. Alexandre Soljenitsyne est assis aux cotés de Nikita Struve, son éditeur et le directeur des éditions YMCA-Press. En premier plan, Jean d'Ormesson et Jean Daniel continuent de se disputer vigoureusement.

Émission à retrouver sur INA madelen

Vladimir Nabokov

30 MAI 1975
Invités : Vladimir Nabokov, Gilles Lapouge

« Lolita n'est pas une jeune fille perverse, c'est une pauvre enfant. Une pauvre enfant que l'on débauche et dont les sens ne s'éveillent jamais sous les caresses de l'immonde monsieur Humbert. (...) Son succès ne m'agace pas. (...) Il est assez intéressant de se pencher, comme disent les journalistes, sur le problème de la dégradation inepte que le personnage de la nymphette, que j'ai inventé en 1955, a subi dans l'esprit du grand public. Non seulement la perversité de cette pauvre enfant a été grotesquement exagérée mais son aspect physique, son âge, tout a été modifié par des illustrations dans des publications étrangères. (...) En réalité Lolita, je le répète, est une fillette de douze ans, tandis que monsieur Humbert est un homme mûr, et c'est l'abîme entre son âge et celui de la fillette qui produit ce vertige, la séduction d'un danger mortel. (...) En dehors du regard maniaque de monsieur Humbert, il n'y a pas de nymphette. Lolita la nymphette n'existe qu'a travers la hantise qui détruit Humbert. Voici un aspect essentiel d'un livre singulier, faussé par une popularité factice. »

Vladimir Nabokov

Vladimir Nabokov, auteur de la célèbre *Lolita*, évoque en français son parcours, la Russie, sa carrière d'écrivain et son goût pour les langues. Il déclare : « Je suis dépaysé partout et toujours. (...) Je suis chez moi dans des souvenirs. »

Plateau du deuxième épisode de l'émission, pour une soirée spéciale consacrée à Vladimir Nabokov à l'occasion de la sortie d'*Ada ou l'ardeur*. Il est accompagné de l'écrivain et journaliste Gilles Lapouge.

La Vie des stars

5 NOVEMBRE 1976

Invités : Simone Signoret, Jean-Pierre Aumont, Claude-Jean Philippe, Jean-François Josselin

Simone Signoret sur le plateau de l'émission consacrée au cinéma. Son livre de souvenirs, *La nostalgie n'est plus ce qu'elle était*, vient de paraître. La soirée s'articule autour d'Hollywood, de la définition de ce qu'est une star et des débuts au cinéma.

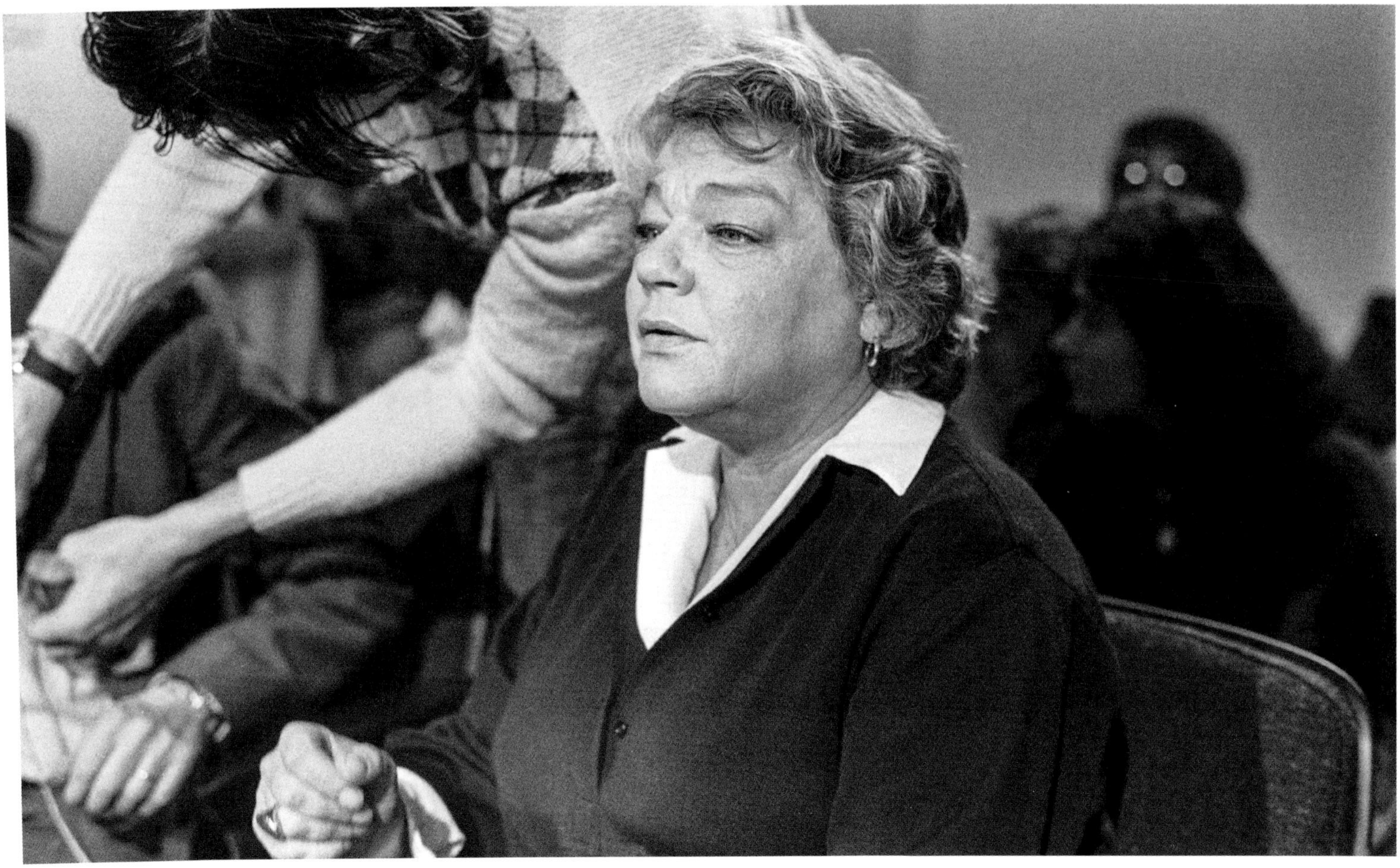

« Je n'ai jamais eu les épaules pour être ce qu'on appelle une "star".
(...) Les épaules, la discipline, tout ce que ça comporte.
Par exemple, moi, si je vais à la première d'un film (...),
j'entre, je bute dans le tapis qui est à l'entrée, je ne souris pas,
parce que j'ai un petit peu honte, alors j'ai l'air désagréable.
On me dit : "Tu n'as qu'à jouer le rôle ! Tu joues le rôle
de toi entrant dans le cinéma." Je ne sais pas le faire. »

Simone Signoret

Parlez-moi d'amour

29 AVRIL 1977

Invités : Roland Barthes, Françoise Sagan, Anne Golon

Françoise Sagan présente son onzième roman *Le Lit défait*. Elle est une habituée de l'émission.

Roland Barthes, Bernard Pivot, Françoise Sagan et Anne Golon discutent d'amour, de sexualité ou encore de la sémantique de l'expression « je t'aime »…

« Je dirais qu'il y a une solitude de l'amour-passion pour deux raisons : je crois qu'il faut distinguer le discours amoureux, c'est-à-dire l'espèce de soliloque extrêmement fragmenté, morcelé, désordonné que le sujet amoureux se tient dans sa tête lorsqu'il est amoureux, de l'histoire d'amour, ce que la société fait de ce sentiment amoureux en lui donnant l'espèce d'harmonie, même un peu douloureuse, d'une histoire, d'un récit. Et la seconde raison de cette solitude, c'est que dans l'époque actuelle, cette espèce d'amour passion, romantique n'est plus à la mode. (…) Ce qui apparaît obscène aujourd'hui, ce n'est pas la sexualité, c'est la sentimentalité. »

Roland Barthes

Roland Barthes, présent pour la parution de ses *Fragments d'un discours amoureux*.

Alex Haley, biographe de Malcolm X et auteur de *Racines*, Bernard Pivot et Léopold Sédar Senghor avant l'émission dédiée aux civilisations africaines et leur histoire.

« Il y a toujours, en Afrique, un rite autour du nom donné. Tout geste est signifiant et complexe. Il y a toujours un côté pratique, utilitaire, mais toujours aussi un côté symbolique, d'enseignement. (…) Quand je suis né, on m'a appelé Sédar parce que j'avais un arrière-grand-père qui s'appelait ainsi, mais aussi parce que j'étais chétif. Sédar signifie "qui n'a pas honte". C'est un peu ironique : "Tu n'as pas honte d'être aussi chétif. Tu seras fort, tu n'auras pas honte." Voyez-vous, c'est à la fois un symbole et une action : on me fortifie en m'appelant de ce nom. »

Léopold Sédar Senghor

Les Racines de l'homme noir

15 JUILLET 1977

Invités : Léopold Sédar Senghor, Alex Haley, Georges Balandier

Georges Balandier,
ethnologue français
et Léopold Sédar Senghor,
président de la République
du Sénégal, écrivain et poète.

Alors ces Français en 1940 ?

4 NOVEMBRE 1977

Invités : Pierre Mendès France, Henri Amouroux, Robert Beauvais, Jacques Duquesne, Arthur Conte

Pierre Mendès France, présent pour l'édition en France de *Liberté, liberté chérie* trente-quatre ans après sa publication aux États-Unis, ouvrage dans lequel il raconte son arrestation en 1940.

Plateau de l'émission avec, de gauche à droite, Arthur Conte, Henri Amouroux, Pierre Mendès France, Jacques Duquesne et Robert Beauvais. Tous ont publié un ouvrage dans lequel ils décrivent l'état d'esprit des Français durant la guerre.

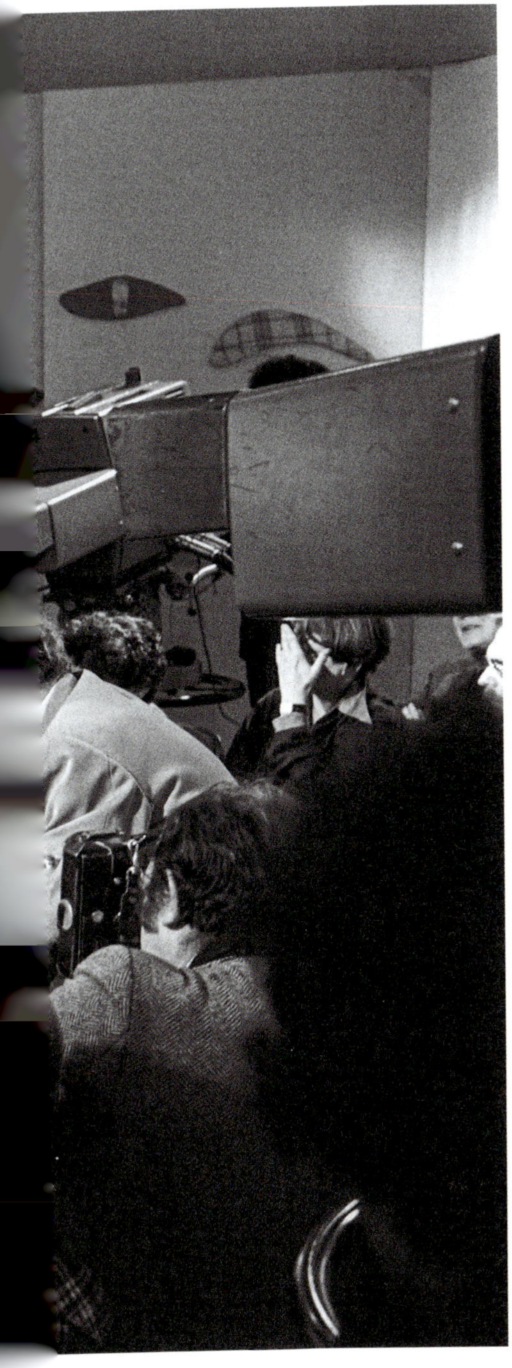

« *Liberté, liberté chérie* a été écrit dans l'émotion du moment, vraiment à vif. En ce sens, c'est un témoignage très frais. L'idée ne m'était pas venue d'écrire un livre. On m'y a beaucoup poussé. Hors de France, on ne savait pas ce qui se passait dans la France occupée. On m'a beaucoup poussé à raconter ce que j'avais vécu, ce que j'avais vu : la prison, l'invasion, la vie clandestine. C'est dans un sentiment de coopération politique que j'ai écrit ce livre à l'époque. Je n'aurais jamais pensé à le ressortir aujourd'hui. Il a été exhumé par les éditions Fayard qui ont beaucoup insisté pour que je le publie. Je n'avais pas d'objection a priori bien qu'il soit très dépassé par les événements. (...) L'histoire telle que je l'ai vue, telle que je l'ai constatée, les gens que j'ai rencontrés, les affaires auxquelles j'ai été mêlé, n'ont fait l'objet d'aucune altération ni d'aucune modification. C'est donc le témoignage d'un écorché vif parce que j'avoue qu'à l'époque les événements m'avaient beaucoup traumatisé. »

Pierre Mendès France

Vous ne respectez donc rien ?

9 DÉCEMBRE 1977

Invités : Lionel Chouchon, Jean Manan, Jean Dutourd, Jean-François Bizot, Cabu, Jean Yanne

Cabu « Je crois que les armées sont inutiles. L'armée française est inutile. (...) C'est le dernier tabou. Le simple fait de faire venir un antimilitariste à la télévision déchaîne des passions qu'on croyait oubliées !

Bernard Pivot Pourtant, vous êtes là ce soir ? »

Plateau de la 125e émission rassemblant « persifleurs et railleurs ». Sont présents, de gauche à droite, Lionel Chouchon, Jean-François Bizot, Jean Dutourd, Jean Yanne, Jean Manan et Cabu.

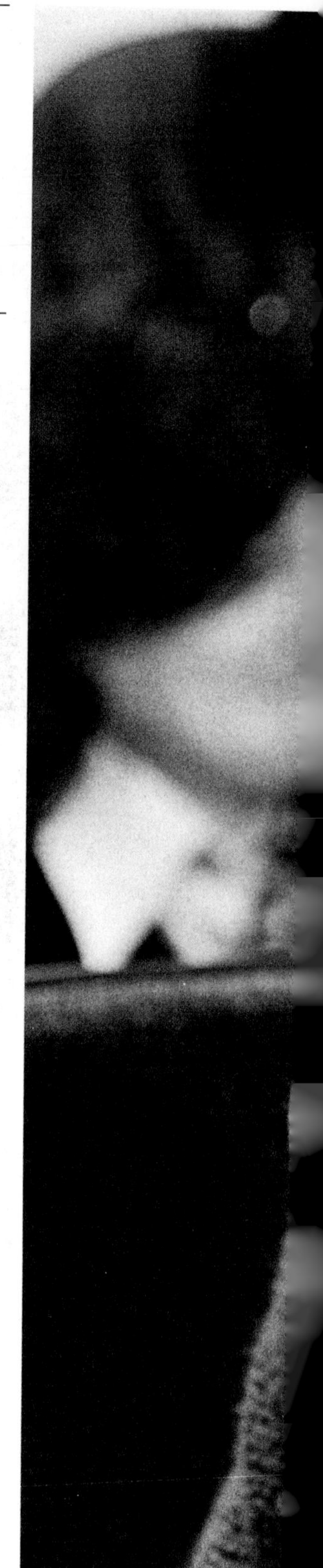

Cabu présente son ouvrage
À bas toutes les armées,
recueil de dessins d'indignation
contre la guerre.

Albert Cohen

23 DÉCEMBRE 1977

Invité : Albert Cohen

Albert Cohen « Alors c'est la grandiose période pour Ariane et Solal du début de l'amour. La joie d'apprendre de l'autre, de se raconter à l'autre, toute cette merveille poétique, l'attente… Tout ça est très beau, pourquoi ? Parce qu'à ce moment-là, ils ne sont pas enchaînés à l'autre. Il va la voir le soir à neuf heures, et ce sont des heures merveilleuses, mais ils ne vivent pas une vraie vie ensemble. Mais là où ça devient lamentable, c'est lorsque leur amour devient un amour chimiquement pur, où on ne fait que ça. (…)

Émission à retrouver sur INA madelen

Bernard Pivot Au fond, déclarer sa passion à quelqu'un, c'est déjà promettre de lui mentir un jour, c'est déjà promettre de se fâcher avec lui ou avec elle, non ?

Albert Cohen C'est peut-être plus compliqué que cela. Si cet amour dure, et si cet amour dure dans un isolement complet du monde, ce qui arrive à Solal et Ariane. Ils sont seuls, responsables de leur amour, ils n'ont que leur amour, ils ne voient personne d'autre. Et alors, c'est l'avitaminose. Vous rentrez à la maison, vous avez fait tant de choses que vous allez raconter, vous apportez avec vous tout le dehors, alors c'est intéressant. Mais si continuellement et sans arrêt, il faut que tu t'occupes de sa bouche, il faut que tu lui dises que tu l'aimes… Les premiers temps, c'est un éclair de Dieu le fait que tu lui dises que tu l'aimes. Et après, bon, elle le sait, c'est entendu, et toi aussi tu le sais. »

Albert Cohen lit un extrait de *Belle du Seigneur* sur l'amour passion.

L'écrivain Albert Cohen se prête à l'exercice d'*Apostrophes* dans sa demeure à Genève. Il se livre sur sa jeunesse à Marseille, sa mère, sa découverte de l'antisémitisme, son amitié avec Marcel Pagnol ou encore ses goûts musicaux.

Femmes femmes femmes

10 FÉVRIER 1978

Invités : Gisèle Halimi, Michèle Perrein, Émilie Carles, André Pérot, Gabrielle Rolin, Annie Le Brun, Martine Portnoé

« Dès l'instant que des femmes,
rien que des femmes défendent
un programme pour les femmes,
ce n'est plus la même démarche,
ce n'est plus le même pouvoir. (...)
53% de la population sont des femmes,
et huit femmes sont à l'Assemblée :
on bondit ! »

Gisèle Halimi

Plateau de l'émission avec, de gauche à droite, Martine Portnoé, Gisèle Halimi, Michèle Perrein, Émilie Carles, Gabrielle Rolin, Annie Le Brun et André Pérot. Le débat se centre autour de la représentation des femmes à l'Assemblée, du féminisme et de la censure dans l'art, dans une atmosphère de tensions. Au centre, Émilie Carles, autrice d'*Une soupe aux herbes sauvages*, un an avant son décès.

Martine Portnoé et Gisèle Halimi sur le plateau à l'occasion de la publication du livre *Choisir la cause des femmes, le programme commun des femmes*. Gisèle Halimi deviendra députée trois ans plus tard.

Itinéraires d'hommes

19 MAI 1978

Invités : Jean d'Ormesson, Marcel Jullian, Michel Déon, Henri Vincenot

Henri Vincenot évoque son enfance et présente son ouvrage *La Billebaude.*

Michel Déon présente *Mes arches de Noé*, dans lequel l'auteur rassemble les images, les lieux et les hommes qui ont compté dans sa vie.

Jean d'Ormesson présent pour *Le Vagabond qui passe sous une ombrelle trouée*. Il vient de quitter la direction du *Figaro*. Il dévoile également qu'Henri Vincenot, présent sur le plateau, est son cousin.

Marcel Jullian, pour son livre de souvenirs *Délit de vagabondage*.

« Il y a dans ce livre une frontière
entre le réel et l'imaginaire.
Il me semble que la définition
du romancier est de ne pas
savoir très bien où se situe cette
frontière. (...) Il faut me croire
le plus quand je mens. »

Jean d'Ormesson

« Il faudrait écrire un jour
un livre où il y aurait "il" et "je".
Tout ce qu'on aurait voulu vivre,
tout ce qu'on n'ose pas dire parce
que ça implique quelqu'un, la
partie immergée de notre existence
rêvée : on le met à "il" ; et on dit à
"je", comme "je suis né", une chose
qu'on croit vraie. »

Marcel Jullian

Le Tour de Jules Verne en 70 minutes

28 JUILLET 1978

Invités : Marc Soriano, Francis Lacassin, François Rivière, Simone Vierne, Ray Bradbury, Charles-Noël Martin

Ray Bradbury, auteur de *Fahrenheit 451*, est l'invité du ministère des Affaires étrangères, et passe cette année-là trois semaines en France.

Bernard Pivot et Ray Bradbury discutent avant l'enregistrement en direct de l'émission, à l'occasion du 150e anniversaire de la naissance de Jules Verne.

« J'ai lu mon premier Jules Verne à l'âge de douze ans, c'était *Vingt Mille Lieues sous les mers*, et ça a complètement changé ma vie. Ça m'a fortement impressionné. Je suis tombé amoureux de la morale, de l'imagination de Jules Verne, de son *Nautilus*, bien sûr, et de l'ensemble de sa conception d'un monde futur possible, d'un mode de vie avec des machines. Ça m'a marqué pour toujours. À douze ans, j'ai décidé d'écrire de la science-fiction. »

Ray Bradbury

Ray Bradbury tient dans ses mains une édition de luxe de Jules Verne, de la célèbre collection Hetzel.

François Mitterrand et ses invités

15 SEPTEMBRE 1978

Invités : François Mitterrand, Michel Tournier, Emmanuel Le Roy Ladurie, Patrick Modiano

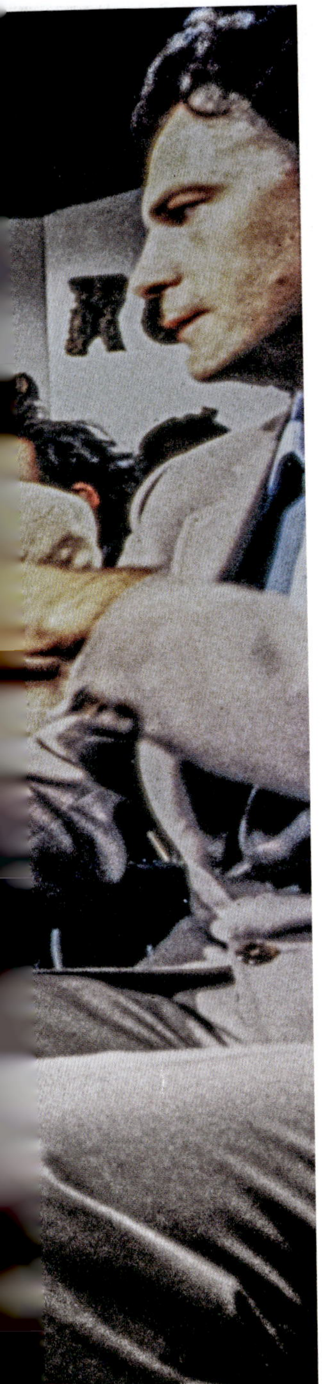

Bernard Pivot «Je me suis aperçu que vous écriviez de mieux en mieux et j'aimerais savoir pourquoi.

François Mitterrand Si c'est vrai, je pense que c'est parce que je suis de plus en plus libre. Pendant longtemps, j'étais comme quelqu'un qui écrit tandis que, derrière son dos, le professeur ou le critique littéraire va mettre le doigt sur la quasi-erreur de français, la mauvaise tournure. Ce sentiment d'être quelqu'un d'examiné me glaçait. C'était peut-être de l'orgueil mal placé. Mais beaucoup plus sur le plan de ma pensée, sur ce que j'ai envie de dire ou écrire, je me sens beaucoup plus libre. À compter du moment où j'écris ce que j'ai envie d'écrire, sans tenir compte de la bienséance ou des intérêts généraux dont je suis seul juge, à partir de là, ce que j'écris s'en ressent.»

B. P. «Vous retirez beaucoup?

F. M. Beaucoup, oui. Je ne suis pas de ceux qui écrivent d'un jet des pages admirables. Je ne sais pas si j'écris des pages admirables mais je souffre toujours beaucoup.

B. P. Qu'est-ce qui l'emporte dans l'acte d'écrire, la souffrance ou le plaisir?

F. M. C'est difficile, c'est dur. Je suis très attentif et critique à l'égard de moi-même et je ne dis pas que ce que je publie me contente absolument, mais s'il n'existe pas un certain rythme intérieur traduit par mon langage écrit, alors, je ne publie pas. Écrire correspond pour moi à une nécessité intérieure et si cela suppose beaucoup de peine intercalaire, le résultat me plaît. J'aime écrire.»

François Mitterrand et les invités qu'il a lui-même choisis: Michel Tournier, Emmanuel Le Roy Ladurie et Patrick Modiano.

DOUBLE PAGE PRÉCÉDENTE
François Mitterrand en compagnie de Bernard Pivot, à l'occasion de sa deuxième apparition à l'émission, le 15 septembre 1978. Il répondra aux questions sur son dernier livre *L'Abeille et l'Architecte*, sa rentrée des classes au collège et son amour des arbres.

En marge de la société ?

22 SEPTEMBRE 1978

Invités : Charles Bukowski, François Cavanna, Catherine Paysan, Marcel Mermoz, Gaston Ferdière

« On m'accuse de beaucoup de choses. Les choses les plus spectaculaires dont on m'accuse sont évidemment vraies. Les choses les plus ternes sont fausses. »

Charles Bukowski

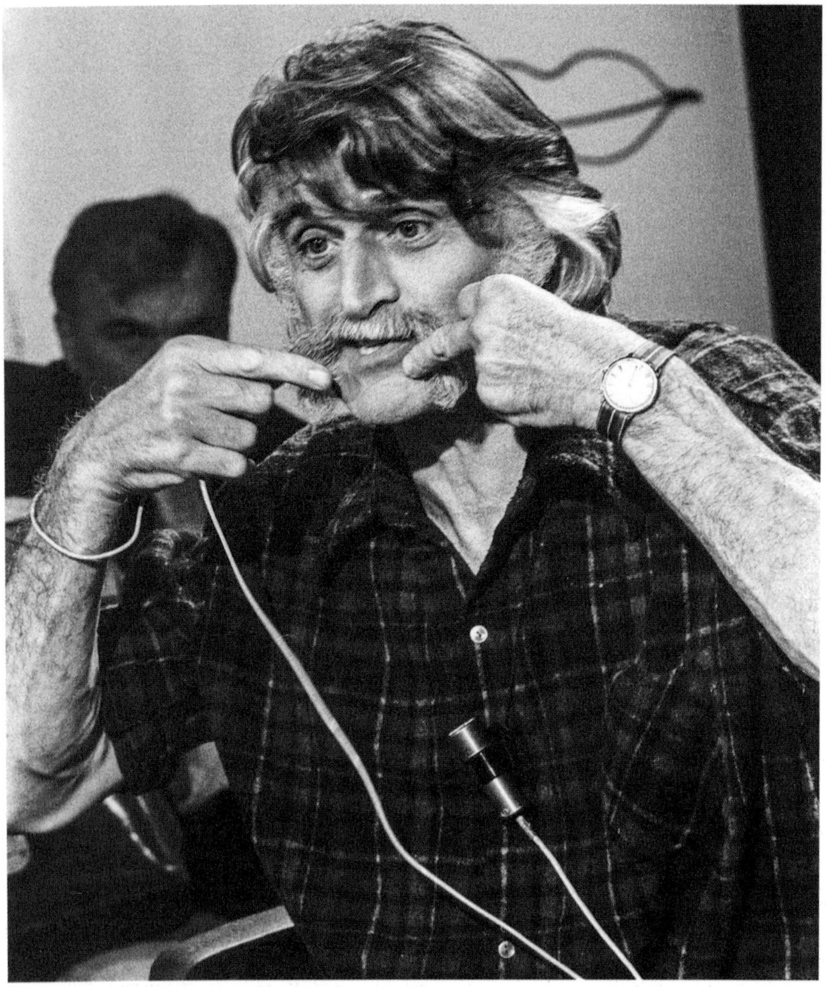

« Bukowski peut parler de n'importe quoi, et c'est beau. »

François Cavanna

Émission à retrouver sur INA madelen

Charles Bukowski, 58 ans, bouteille à la main. La soirée est mouvementée : il caresse le genou de Catherine Paysan, manque de se battre avec François Cavanna, quitte le plateau et sort, hors-champs, un couteau de sa poche.

Beaucoup de déception pour François Cavanna, qui disait « pleurer de plaisir » en lisant Bukowski et, une heure plus tard, le menace de lui mettre « un poing dans la gueule ».

Des goûts et des couleurs

8 DÉCEMBRE 1978

Invités : Jacques Brenner, Michel Antoine Burnier, Conrad Detrez, Georges Perec, Alain Robbe-Grillet

Le plateau de l'émission avec, de gauche à droite, Conrad Detrez, Alain Robbe-Grillet, Georges Perec, Jean Dutourd, Jacques Brenner et Michel-Antoine Burnier.

« J'essaie d'envisager ce livre comme un jeu entre le lecteur et moi. Je pense que ce qui est extrêmement important c'est de laisser la liberté au lecteur. (...) L'image du puzzle est pour moi fondamentale. J'ai laissé un certain nombre d'événements, de biographies, d'histoires de gens en suspens. Et j'invite le lecteur, après sa lecture, à ouvrir le livre au hasard, à se servir de l'index comme d'une règle du jeu et à reconstituer les histoires. »

Georges Perec

Conrad Detrez, Alain Robbe-Grillet et Georges Perec sur le plateau de l'émission. Ce dernier vient de publier *La Vie, mode d'emploi*. L'émission donne lieu à une confrontation entre représentants de courants et styles littéraires opposés : les traditionnalistes et le Nouveau Roman. L'atmosphère est chargée d'ironie, et pour Jean Dutourd : « Le Nouveau Roman est la queue d'une littérature, la fin du roman balzacien. »

La Cinquantaine

5 JANVIER 1979

Invités : François Nourissier, Hergé, José Cabanis, Edward Behr

Bernard Pivot « Pourquoi Tintin ne va-t-il jamais à la messe ?

Hergé Je crois que ça ralentirait l'action. On ne peut avoir des aventures extraordinaires dans une église ou une abbaye… (…) On m'a souvent demandé si pouvait intervenir la divinité. Jamais, ou presque, je ne l'ai fait car je trouvais cela trop facile. Tintin étant dans une situation difficile, si je lui fais dire “Mon Dieu, s'il vous plaît, faites que je sois sauvé”, il serait sauvé : c'est un peu facile. Moi, je peux le sauver et, dans ces cas-là, c'est moi qui suis Dieu. »

Plateau de la 173e émission avec, de gauche à droite, Edward Behr, José Cabanis, François Nourissier et Hergé.

L'auteur de bande dessinée belge Hergé fête les cinquante ans de son célèbre reporter voyageur. Le premier volume est le fameux *Tintin au pays des Soviets* (1930), qualifié par Hergé de « farce sans lendemain » à l'origine.

Jacques Le Goff vient de faire paraître son encyclopédie *La Nouvelle Histoire*. Il est un des piliers de ce courant historiographique qui s'attache à l'étude économique et sociale de l'histoire, mais aussi de ses représentations collectives.

Plateau de l'émission consacrée à la Nouvelle Histoire avec, de gauche à droite, Jacques Le Goff, Jean-Louis Bory, Emmanuel Le Roy Ladurie et Georges Duby.

La Nouvelle Histoire

2 FÉVRIER 1979

Invités : Georges Duby, Emmanuel Le Roy Ladurie, Jean-Louis Bory, Jacques Le Goff

« La Nouvelle Histoire est une histoire-problème. Lucien Febvre, il y a déjà cinquante ans justement, en face de l'histoire-récit, de l'histoire des événements, a proposé une histoire qui parte d'une question, une histoire qui tutoie le passé, une histoire qui questionne les documents. »

Jacques Le Goff

Trois grands écrivains d'Europe

30 MARS 1979

Invités : Alberto Moravia, Anthony Burgess, Günter Grass

Bernard Pivot « Pour lutter contre notre nombrilisme littéraire, pas d'écrivain français ce soir à *Apostrophes* mais trois romanciers étrangers considérables. Et, puisque que nous sommes dans l'année des élections européennes, trois grands écrivains d'Europe. »

Bernard Pivot « Vous vous flattez tous les deux d'être des autodidactes ?

Alberto Moravia (en français) Je ne suis jamais allé à l'école parce que j'étais malade, ce qui m'a permis d'écrire un roman à l'âge de dix-sept ans. Autrement, j'aurais dû attendre d'avoir trente ans.

Günter Grass À la fin de la guerre, j'avais quinze ans, et pour moi l'école était terminée : j'ai pris l'uniforme. À dix-neuf ans, libéré par les Américains, j'ai exercé diverses professions pour lesquelles on ne m'a pas demandé l'*abitur* : j'ai travaillé dans les mines de sel, dans les champs, chez les paysans. Au fond, j'en suis très content parce que j'ai accumulé une expérience qui n'était pas littéraire. J'étais confronté aux problèmes de l'existence.

Bernard Pivot Et vous, Anthony Burgess, avez-vous reçu une éducation bourgeoise ?

Anthony Burgess (en français) Chaque auteur doit trouver son propre style, chercher ses modèles. En ce sens, nous sommes autodidactes. L'éducation n'est pas importante. »

Alberto Moravia, pour la parution de *Désidéria*.

L'écrivain allemand Günter Grass. Il vient de publier son dernier roman *Le Turbot*.

Anthony Burgess, auteur du célèbre *L'Orange mécanique*, présente *Rome sous la pluie* et *Ce sacré Hemingway*.

Les Intellectuels journalistes

20 AVRIL 1979

Invités : Georges Suffert, Jean Daniel,
Jean-François Revel, Guy Hocquenghem

Le plateau de la 185e émission rassemblant des « intellectuels journalistes ». Sont présents, de gauche à droite, Jean-François Revel, Guy Hocquenghem, Georges Suffert et Jean Daniel.

Georges Suffert, journaliste au *Point* qui vient de publier sa première fiction, et Jean Daniel, directeur du *Nouvel Observateur*.

« Il n'est pas rare que dans les journaux les postes de directeur, d'éditorialiste, de leader d'opinion soient confiés à des écrivains : Mauriac, Camus, et aujourd'hui, Ormesson, Wurmser, Dutourd, etc. Il arrive aussi que ces mêmes postes soient confiés à d'anciens professeurs ou à des gens qui ont été tentés par la politique. Ce sont les gens que j'appelle ce soir les "intellectuels journalistes", ce qui ne signifie nullement que les autres journalistes ne soient pas des intellectuels ! »

Bernard Pivot (en introduction)

« Une des grandes découvertes de la photographie, c'est de trouver la laideur belle. »

« Ce ne sont pas les photos d'un tendre, celles d'Helmut Newton. »

Susan Sontag

Susan Sontag, autrice de l'essai *La Photographie,* décrit les photographes comme voulant être « primitifs » et « instinctifs » et déplore la photographie de presse, simplement utilitaire.

Robert Doisneau, photographe de l'incontournable *Baiser de l'Hôtel de Ville*, présent à l'occasion de la sortie de son recueil de photographies sur la Loire.

Helmut Newton, auteur de *Nuits blanches* et *Femmes secrètes*.

Le Monde de la photographie

8 JUIN 1979

Invités : Susan Sontag, Robert Doisneau, Marc Riboud, Helmut Newton, Hans Silvester, Claude Nori

Qui a tué ?

20 JUILLET 1979

Invités : Léo Malet, Thomas Narcejac, Pierre Boileau, A.D.G., Jean-Patrick Manchette, Serge Montigny, Catherine Arley

« Le sujet, ça n'est pas les tueurs qui poursuivent le bonhomme, mais le bonhomme, étant poursuivis par les tueurs, qui se dit : "Tiens, voilà une excellente raison de fuir." »

Jean-Patrick Manchette

Jean-Patrick Manchette présente son livre *Le Petit Bleu de la côte ouest* et expose son utilisation des marques comme outil narratif de caractérisation de ses personnages.

Le plateau de l'émission avec, de gauche à droite, Catherine Arley, Serge Montigny, A.D.G., Jean-Patrick Manchette, Thomas Narcejac, Pierre Boileau et Léo Mallet.

« Lorsque je me suis mis à écrire des romans policiers,
je me suis souvenu de tous les personnages
que j'avais pu côtoyer. (...) Lorsque j'étais
chez mon maître-chanteur, j'ai rencontré des types inouïs ! »

Léo Malet

Guy de Maupassant

27 JUILLET 1979
Invités : Valéry Giscard d'Estaing, Armand Lanoux, Louis Forestier, Alexandre Astruc

« Il y a une supériorité des diverses formes de création artistique sur les fonctions politiques. (...) Ce sont des formes supérieures et plus durables de l'activité humaine. Il est naturel quand on ne les exerce pas, et quand on en a le goût, de regretter de ne pas les exercer. »

« Quand j'ai été élu à la présidence, j'ai relu toute l'œuvre de Maupassant. »

Valéry Giscard d'Estaing

Valéry Giscard d'Estaing, élu président de la République en 1974, se prête à l'exercice d'*Apostrophes*, dans un épisode consacré à Maupassant. Cette émission avait été prévue cinq ans auparavant, mais perturbée par la mort de Georges Pompidou et les élections présidentielles.

Également présents sur le plateau, de gauche à droite : Armand Lanoux, auteur de *Maupassant, le Bel-Ami*, Louis Forestier, éditeur des œuvres de Maupassant dans la « Pléiade », et Alexandre Astruc, réalisateur de l'adaptation d'*Une vie*.

La Création

30 NOVEMBRE 1979

Invités : Maurice Béjart, Victor Vasarely, Karlheinz Stockhausen, Pierre Emmanuel

« La musique est pour moi une source d'inspiration, mais plus que d'inspiration, une source de vitalité, une source d'expiration. C'est plus important que l'inspiration. »

Maurice Béjart

Plateau de l'émission rassemblant des « créateurs » de toutes les disciplines. Sont présents, de gauche à droite, Pierre Emmanuel, Victor Vasarely, Karlheinz Stockhausen et Maurice Béjart.

Le compositeur Karlheinz Stockhausen et Maurice Béjart.

Le danseur et chorégraphe Maurice Béjart présente ses mémoires, *Un instant dans la vie d'autrui.*

Marguerite Yourcenar

7 DÉCEMBRE 1979

Invitée : Marguerite Yourcenar

« Petite Plaisance, c'est le nom de la modeste et jolie maison blanche qu'habite Marguerite Yourcenar, dans l'île des Monts Déserts, situé dans l'État du Maine, au nord-est des États-Unis. La nature y est superbe, il y a des écureuils, et bien que toutes les maisons soient en bois, les pins, les chênes et les érables sont les amis des hommes. Derrière le cadreur, à quelques pas, l'océan Atlantique, et devant lui, née il y a soixante-seize ans d'un père français et d'une mère belge, installée ici depuis trente ans, Marguerite Yourcenar. Marguerite Yourcenar, qui se veut la servante des oiseaux. Marguerite Yourcenar, l'auteur de livres considérés déjà comme des classiques de notre littérature, *Mémoires d'Hadrien, L'Œuvre au noir, Souvenirs pieux, Archives du Nord.* Loin de Paris, elle s'est hissée au premier rang des auteurs de langue française à la seule force de son poignet d'écrivain. Nous sommes à la mi-septembre et déjà l'humidité des pelouses et des sous-bois gagne sur le soleil. Bientôt, comme dans toute la Nouvelle-Angleterre, il va faire très froid et lorsque ces images passeront sur vos postes de télévision, Marguerite Yourcenar, la réserve de bois faite, sera rentrée à Petite Plaisance, cernée par la neige, entourée de livres grecs, chinois, anglais, japonais. Elle va laisser courir sur le papier sa culture, son intelligence, sa sensibilité et ce qui fait qu'elle est une grande artiste : la musique de ses mots. »

Bernard Pivot (en introduction)

Bernard Pivot et Marguerite Yourcenar dans le jardin de cette dernière. Elle reviendra dans l'émission trois ans plus tard, avec Jean d'Ormesson, quelques jours avant son entrée à l'Académie française. Elle est d'ailleurs la première femme à y être élue.

« Au fond, toute vie est un échec en ce sens que nous ne sommes pas des sauveurs. (…) On aurait pu faire tellement plus. »

Marguerite Yourcenar

Émission à retrouver sur INA madelen

L'Historien, le Sociologue et le Romancier

21 DÉCEMBRE 1979

Invités : Fernand Braudel, Pierre Bourdieu, Max Gallo

« Quand nous mettons une cravate à pois ou une cravate unie, quand nous achetons une Mercedes ou une deux-chevaux, quand nous faisons du yoga ou du rugby, tous les choix que nous faisons qui sont imputés aux goûts et aux couleurs ont leur principe dans la société. Ils dépendent de notre formation, de notre éducation, de notre milieu, de notre capital scolaire… Toutes les préférences d'une même personne sont liées en elles. »

Pierre Bourdieu

Pierre Bourdieu à l'occasion de la parution de *La Distinction, critique sociale du jugement*, amené à devenir un ouvrage de référence.

Max Gallo invité pour son roman *Une affaire intime*.

Fernand Braudel, le représentant de la Nouvelle Histoire, présente son ouvrage *Civilisation matérielle, économie et capitalisme* (*xv*[e]*-xviii*[e] *siècle*).

« J'ai l'impression que quand on aime quelqu'un, on l'aime toujours. (…) Une fois qu'on n'a plus été seul, on ne l'est plus jamais. Mais il faut avoir la chance, ou l'entêtement, ou je ne sais pas quoi, d'accueillir la rencontre au moment où il faut. »

Maria Casarès

La comédienne Maria Casarès présente son autobiographie *Résidente privilégiée*.

Portraits de femmes

22 FÉVRIER 1980

Invités : Maria Casarès, Lison de Caunes, Henri Evans, Michèle Manceaux, May Picqueray

Plateau de l'émission avec, de gauche à droite, Michèle Manceaux, May Picqueray, Henri Evans, Maria Casarès et Lison de Caunes.

Juifs et chrétiens devant la douleur

4 AVRIL 1980

Invités : Elie Wiesel, Didier Decoin, Gérard Bessière, sœur Lucie Licheri, Claudine Vegh

Didier Decoin, lauréat du prix Goncourt 1977 pour *John l'enfer*. En 2020, il succèdera à Bernard Pivot à la présidence de l'académie Goncourt.

Plateau de l'émission avec, de gauche à droite, Claudine Vegh, Gérard Bessière, Didier Decoin, Elie Wiesel et sœur Lucie Licheri.

Elie Wiesel présente *Le Testament d'un poète juif assassiné*. Il recevra le prix Nobel de la paix en 1986.

« Dans l'université américaine où j'enseigne, la plupart de mes étudiants sont des enfants de survivants. Je ne suis jamais aussi ému, conscient de ma responsabilité d'enseignant, que lorsque je me trouve en face de ces enfants, parce que je suis responsable d'un monde que je leur lègue, que j'ai détruit pour eux, que nous avons détruit pour eux, et maintenant à eux de le reconstruire sur des ruines. (…) Ils sont beaux, ces enfants-là. Et vrais, et émouvants. Pas un ne parle de haine ni de vengeance. »

Elie Wiesel

La Liberté des esprits

6 JUIN 1980

Invités : Philippe Ariès, Éric Ollivier, Georges Wolinski, Serge July, Pierre Nora

« Avec cinq personnalités très différentes,
il y a eu un peu de polémique, mais pas de haine. »

Bernard Pivot (en conclusion)

Plateau de l'émission avec, de gauche à droite, Éric Ollivier, Serge July, Philippe Ariès, Pierre Nora et Georges Wolinski.

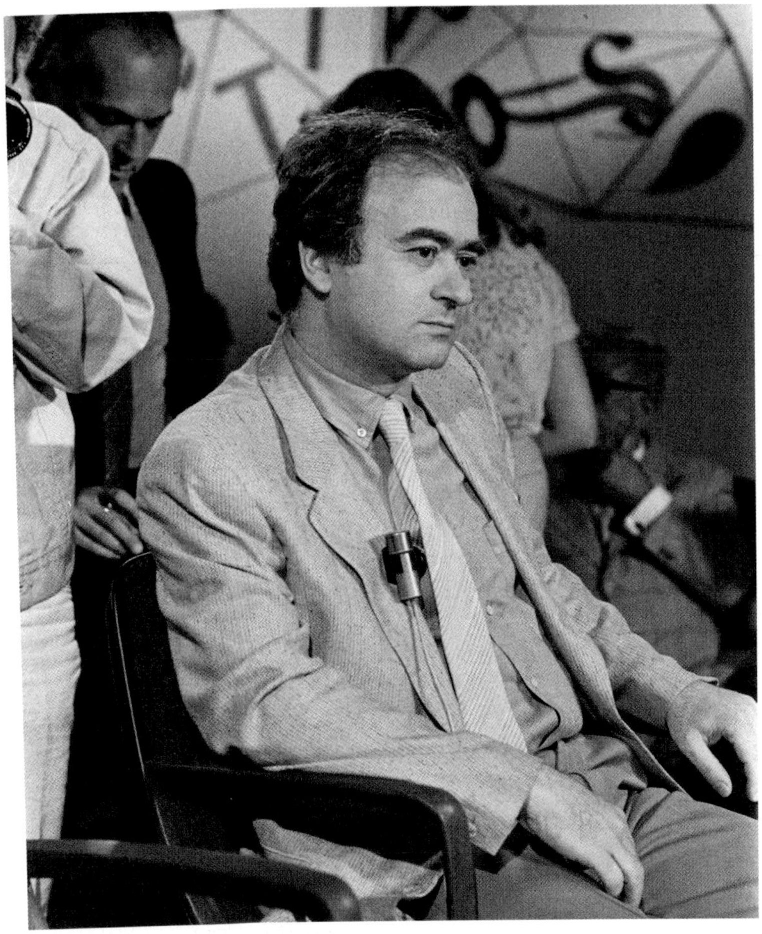

« Je suis content d'être soutenu par l'actualité et de faire ce travail de dessinateur politique.
C'est vrai que c'est agréable de pouvoir faire ce qu'on veut. »

Georges Wolinski

Bernard Pivot « Ce premier numéro de la revue *Le Débat*, qui va le lire ?

Pierre Nora Personne, peut-être. Beaucoup de monde, peut-être. »

Le dessinateur Georges Wolinski, pour la parution d'*À bas l'amour copain*. Il est alors dessinateur pour *Charlie Hebdo* et *L'Humanité*.

L'historien Pierre Nora présente le tout premier numéro de la revue *Le Débat*. Elle paraîtra pendant quarante ans.

250ᵉ émission : Borges et Le Clézio enfin à *Apostrophes*

19 SEPTEMBRE 1980

Invités : Jean-Marie Gustave Le Clézio, Jorge Luis Borges

Jean-Marie Gustave Le Clézio, qui pourtant « fuit les micros et les caméras » (Bernard Pivot) par peur de « ne pas être exact » par rapport à l'écrit, en direct à l'occasion de la 250ᵉ émission.

Jean-Marie Gustave Le Clézio répond chez Gallimard aux questions de Bernard Pivot, à l'occasion de la sortie de son livre *Désert*. C'est un nouveau livre, mais surtout un nouvel écrivain qui se présente ici : « On est nouveau à chaque fois qu'on écrit un nouveau livre. »

DOUBLE PAGE PRÉCÉDENTE
Jean-Marie Gustave Le Clézio et Bernard Pivot discutent face-à-face, évoquent le goût de l'écrivain pour les déambulations, son rejet des villes, son rapport à l'argent et son essai sur les civilisations d'Amérique disparues : *Trois villes saintes*.

« Le silence est une des vertus fondamentales de l'homme, de pouvoir taire en lui tout ce qui nuirait à la beauté du monde extérieur. Il a cette possibilité de devenir silencieux, de ressembler au paysage qu'il aime. Seulement, encore faut-il qu'il trouve ce paysage. (...) Ce que j'aime dans la littérature, c'est ce qu'elle dit en dehors des mots, à côté des mots, ce qu'elle laisse entendre. »

Jean-Marie Gustave Le Clézio

Norman Mailer

19 DÉCEMBRE 1980

Invités : Philippe Labro, Catherine Rihoit, Norman Mailer

Le plateau de l'émission consacrée à Norman Mailer. Sont présents, de gauche à droite, Philippe Labro, Catherine Rihoit et Norman Mailer.

L'écrivain Norman Mailer présente *Le Chant du bourreau*, roman qui a gagné le prix Pulitzer cette année-là.

« Les romanciers sont les derniers vrais artisans. »

« Je voudrais écrire un grand roman sur l'Amérique
qui ne repose pas sur des héros véritables.
Est-ce que j'y arriverai ? Je n'en sais rien.
C'est très difficile de trouver un protagoniste
capable de fasciner l'imagination d'un très grand
nombre de lecteurs, tout en étant à la fois admirable
non sentimental, et vrai pour tout le monde.
Pour l'instant, je me noie dans ces immenses questions. »

Norman Mailer

À la recherche des civilisations enfouies

20 FÉVRIER 1981

Invités : Alain Schnapp, Jean Guilaine, Jean Suchy, Jacques-Yves Cousteau, Chantal Cinquin, Yves Cappalet

Le plateau de l'émission avec, de gauche à droite, Jean Guilaine, Chantal Cinquin, Jean Suchy, Alain Schnapp, Yves Cappalet et Jacques-Yves Cousteau.

Bernard Pivot « L'Atlantide, c'est une île qui a été engloutie ?

Jacques-Yves Cousteau Attendez ce n'est pas sûr. À Akrotiri il y a des fouilles qui ont été faites. (...) Moi, j'avoue, j'ai été bouleversé quand j'ai vu ça. On a l'impression d'entrer dans une ville d'il y a 3 500 ans. Avec les rues, les places, c'est à peine dégagé. On entre dans les maisons, il y a des fresques sur les murs. Il y a des fresques fraîches, jolies et merveilleuses, des oiseaux qui s'embrassent vers la chambre de la jeune fille... Ce sont des choses extraordinaires, poétiques au possible. »

Le « commandant » Jacques-Yves Cousteau présente *À la recherche de l'Atlantide*, livre qu'il a écrit avec Yves Cappalet.

Trois grands romanciers venus d'ailleurs

27 MARS 1981

Invités : Angus Wilson, William Styron, Italo Calvino

« Je crois que je cherche à réécrire le livre oublié.
On lit tellement de choses, et on oublie beaucoup.
Mais je crois que le livre oublié a une force,
parce qu'il reste, ça reste dans la mémoire.
Je veux écrire des livres oubliables, parce qu'un livre
oublié continue à travailler dans l'inconscient du lecteur. »

Italo Calvino

Plateau de l'émission rassemblant trois grands écrivains : un Italien, un Américain et un Britannique, chacun accompagné de son traducteur. Sont présents, de gauche à droite, Angus Wilson, Anne-Marie Soulac, Italo Calvino, Danièle Sallenave, Maurice Rambaud et William Styron.

Italo Calvino, présent pour *Si par une nuit d'hiver un voyageur*, une mise en abyme sous la forme d'enquête policière menée par un lecteur et une lectrice qui, venant d'acheter le dernier roman de l'auteur, constatent une mauvaise pagination.

D'est en ouest

5 JUIN 1981

Invités : Simone Signoret, Vladimir Boukovski, Louis Pauwels, Edgar Morin

« Alors que nous nous croyons extrêmement lucides, nous sommes aveugles. Notre aveuglement est très particulier parce qu'il est lié à un développement inouï de connaissances. (…) On avait l'impression qu'on était presque arrivés au moment culminant du progrès, mais je crois que toutes ces connaissances, qui sont réelles, ont apporté avec elles une énorme ignorance, et même de l'aveuglement, non seulement parce que le dispositif d'information ne couvre qu'une petite partie du globe, mais aussi parce qu'il y a une surinformation, une pluie d'informations qui tombent. Nous avons des connaissances séparées, isolées que nous ne savons pas raccorder. »

Edgar Morin

Plateau de l'émission avec, de gauche à droite, Louis Pauwels, Vladimir Boukovski, Simone Signoret et Edgar Morin.

Louis Pauwels présente son recueil d'articles *Le Droit de parler*.

Edgar Morin, philosophe de la « complexité », pour son livre *Pour sortir du vingtième siècle*. Dès 1981, il pointe les risques de la surinformation.

Romain Gary et Émile Ajar

3 JUILLET 1981

Invités : François Bondy, Michel Tournier, Gérard Mendel, Paul Pavlowitch

« Le 2 décembre 1980, Romain Gary se tirait une balle dans la gorge. Ce qu'on ne savait pas, c'est qu'à ce moment-là, et par le même geste, Émile Ajar s'était suicidé lui aussi, car nous ne savions pas que Romain Gary et Émile Ajar étaient un seul et même écrivain, alors qu'on pensait qu'Émile Ajar était le pseudonyme du neveu de Romain Gary, Paul Pavlowitch. Il y a donc eu filouterie sur les noms, une sorte de supercherie littéraire, mais cela ne doit pas cacher ce qui constitue l'essentiel dans l'affaire Gary-Ajar-Pavlowitch, à savoir qu'un romancier est un homme, ou une femme, qui mène plusieurs vies, que chaque roman est pour lui une sorte de renaissance, ou de mort, et que la création littéraire, quand elle est poussée jusqu'à ses extrémités, peut mener à des excentricités burlesques et dramatiques. »

Bernard Pivot (en introduction)

Paul Pavlowitch vient de faire paraître *L'Homme qu'on croyait*, ouvrage dans lequel il révèle avoir prêté sa personnalité à la création d'Ajar pendant six ans.

Les Sentiers de la création

18 SEPTEMBRE 1981

Invités : Pierre Boulez, Claude Simon

« “Avez-vous quelque chose à dire ?” C’est la question que Sartre a posée. Dans le sens d’un “message” – le sens de la vie, le sens de l’histoire –, dans cet esprit-là, je n’ai rien à dire. Par contre, j’ai des images, des souvenirs qui forment une espèce de magma. Alors, je commence toujours à écrire en tirant un bout de ficelle. Et puis se produit cette chose que sentent tous ceux qui ont écrit : une image mentale appelle un mot, qui lui-même suscite des images. (...) Ce qui est intéressant est d’examiner ces possibilités que vous apporte la langue. »

Claude Simon

Claude Simon présente son roman *Les Géorgiques*. Quatre ans plus tard, il recevra le prix Nobel de littérature.

Deux « invités prestigieux » échangent sur leur vision de la création : le romancier Claude Simon et le compositeur et chef d’orchestre Pierre Boulez.

Pierre Boulez livre ses réflexions sur la musique à travers son ouvrage *Points de repère*.

Simenon
Mémoires intimes

Georges Simenon

27 NOVEMBRE 1981

Invité : Georges Simenon

« Le roman policier a des règles. Et les règles, ce sont des rampes d'escalier : il y a un mort, un enquêteur, ou plusieurs enquêteurs, un assassin, donc une énigme. Vous devez suivre des règles bien déterminées. Si, au deuxième chapitre, votre lecteur trouve que c'est un peu faiblard, il ira quand même jusqu'au bout parce qu'il veut savoir qui a tué. J'appelle cela de la fabrication. J'emploie le mot de "semi-littérature" : (...) une sorte de fabrication qui peut être du luxe, de première ou de troisième classes, comme un ébéniste peut faire des meubles bon marché et faire des meubles admirables. Tandis que ce que j'appelle mes romans "durs" (...), c'est tout simplement des romans où il n'y a pas de rampes. »

Georges Simenon

Georges Simenon et Bernard Pivot discutent, hors-caméra, dans la maison de l'écrivain à Lausanne, en Suisse.

Georges Simenon, père du commissaire Maigret et de ses aventures, à l'occasion de son entretien personnel en direct. La conversation, presque confessionnelle, s'étend sur ses relations avec les femmes, sa personnalité, sa conception de la littérature et sa pratique de l'écriture.

Doris Lessing

25 DÉCEMBRE 1981

Invités : Catherine Rihoit, Michel Braudeau, Ivan Nabokov, Doris Lessing

« J'aimerais qu'on pense à moi comme un écrivain qui pose des questions. Quand il finit un de mes livres, j'aimerais que le lecteur se pose des questions qu'il ne s'était pas posées avant. (...) Dire au lecteur : "Avez-vous remarqué cela ?" C'est cela que je voudrais faire. »

« La raison pour laquelle les personnages de mes livres sont touchés par la dépression nerveuse (...) c'est parce que beaucoup de mes amis ont été fous. J'en tire la conclusion que j'ai été folle moi-même. Je me suis souvent occupée de dépressifs. Je les ai mis dans mes livres parce que c'est ma vie. »

Doris Lessing

Bernard Pivot et ses invités : avec, de gauche à droite, Doris Lessing, invitée d'honneur, Catherine Rihoit, Michel Braudeau et Ivan Nabokov. L'heure qui suit est consacrée à un échange sur son engagement politique et féministe, son point de vue sur la critique littéraire et l'évolution de son style.

Doris Lessing, romancière britannique et prix Nobel de littérature 2007. *Le Carnet d'or*, paru en 1962, a été un best-seller mondial récompensé en France par le prix Médicis.

Les bons romans sont-ils prophétiques ?

12 FÉVRIER 1982

Invités : Michel Tournier, Dominique Rolin, Pierre Gripari, Jacques Lanzmann, Guy Hocquenghem, Jean-Marc Roberts

« Prenons un des plus beaux vers de la langue française :
“Dans l’Orient désert quel devint mon ennui !”
C’est signé Racine, mais je dis que c’est signé beaucoup plus Pivot, Gripari ou Lanzmann ! Parce que l’Orient dans l’esprit de Racine, on ne sait pas trop ce que c’était. Pour nous, l’Orient, c’est le XIXe siècle, c’est *Les Mille et Une Nuits*, c’est toute chose que Racine ne connaissait pas. (…) Ce vers, c’est peut-être Racine qui l’a écrit, mais c’est nous qui en sommes les auteurs. »

Michel Tournier

Michel Tournier présente son recueil de notes de lecture *Le Vol du vampire*.

Jean-Marc Roberts, pour son neuvième roman *L’Ami de Vincent*.

Plateau de l’émission avec, de gauche à droite, Pierre Gripari, Michel Tournier, Jean-Marc Roberts, Guy Hocquenghem, Jacques Lanzmann et Dominique Rolin.

Les Chemins de la réussite

7 MAI 1982

Invités : Roger Gouze, Roger Vadim, Paul Tabet, Vittorio Gassman

« Moi, je n'ai jamais eu l'impression de travailler. C'est une destinée sublime. »

« Le cinéma raconte la vie telle qu'elle est, la réalité. Le théâtre, le vrai théâtre, ne raconte jamais la réalité, mais cherche toujours à la changer. »

Vittorio Gassman (en français)

Roger Gouze pour *Les Miroirs parallèles* et le cinéaste Roger Vadim pour son premier roman *L'Ange affamé*. Ce sont, pour tous les deux, des romans autobiographiques.

L'acteur Vittorio Gassman présente son autobiographie *Un grand avenir derrière moi*.

VITTORIO
GASSMAN
UN GRAND
AVENIR
DERRIERE MOI

Quatre grands romans venus des quatre coins du monde

15 MAI 1982

Invités : André Brink, John Irving, Louis Martinez, D. M. Thomas

Plateau de la 335e émission avec, de gauche à droite, André Brink, John Irving, Louis Martinez et D. M. Thomas. Pour cette soirée dont le thème est le grand roman étranger, Bernard Pivot a réuni des écrivains américain, britannique, sud-africain et le traducteur d'Alexandre Soljenitsyne.

« Tous les romanciers aiment s'amuser,
et tous les romanciers sont des voyeurs. »

John Irving

John Irving, auteur du *Monde selon Garp*, paru deux ans auparavant, et de *L'Hôtel New Hampshire*.

Fou, foot, football

21 MAI 1982

Invités : Jean Tigana, Georges Haldas, Jacques de Ryswick, François Thébaud, Florence Rimbault, Michel Denisot, Thierry Roland, Jacques Thibert, Michel Hidalgo

« Si Platini, Lacombe, Rocheteau, Tigana marquent autant de buts pendant le mondial qu'il est paru de livres sur le football avant cette coupe du monde, alors nous serons en finale à Madrid. Au générique de cette émission "Fou, foot, football", vous allez reconnaître les figures légendaires du gardien hongrois Szabó, du stratège allemand Fritz Walter, du buteur français Thadée Cisowski, de l'édile brésilien Kopa, le Français, et du gardien mexicain Carabajal qui a joué cinq coupes du monde. »

Bernard Pivot (en introduction)

Plateau de l'émission consacrée au football, deux mois avant la coupe du monde de 1982, qui se tient en Espagne. La France s'inclinera face à l'Allemagne au terme d'un match de demi-finale devenu célèbre.

Michel Denisot présente son livre *Olé France ! L'épopée des bleus et le guide du Mundial*, préfacé par Michel Hidalgo (également présent sur le plateau) et Michel Platini.

Michel Hidalgo, entraîneur de l'équipe de France. Il sélectionnera pour la première fois Jean Tigana, participant à l'émission en duplex, qui formera avec Michel Platini le célèbre « carré magique ».

L'Italie, ses dieux, ses princes et ses hommes

23 JUILLET 1982

Invités : Umberto Eco, Max Gallo, Hector Bianciotti, Ivan Cloulas

« On écrit toujours
un roman sur moi-même.
On écrit quelque chose
sur ses propres vices
et ses propres désirs. »

Umberto Eco

Max Gallo, présent à l'occasion de la publication de sa biographie de Garibaldi.

Plateau de l'émission consacrée à l'Italie avec, de gauche à droite, Max Gallo, Umberto Eco, Ivan Cloulas et Hector Bianciotti.

Umberto Eco présente son roman *Le Nom de la rose*, le « meilleur roman publié en France depuis le début de l'année » d'après Pivot.

Les Nouveaux Héros de la BD

6 AOÛT 1982

Invités : François Bourgeon, Jean-Michel Charlier, Nikita Mandryka, Jacques Tardi, Mœbius, François Caradec, Dimitri

Plateau de l'émission avec, de gauche à droite, Nikita Mandryka, François Bourgeon, Dimitri, François Caradec, Jean-Michel Charlier, Mœbius et Jacques Tardi.

« Les dessins, je n'arrive à les faire que parce qu'il y a une histoire derrière. (...) Je travaille sur l'*Incal* d'une façon très particulière. J'essaie d'être absolument fonctionnel dans mon dessin. Je me suis fixé une limite de temps : je fais une page par jour. Je ne me donne pas le temps de réfléchir. »

Mœbius

Nikita Mandryka présente sa bande dessinée *La Vie quotidienne du Concombre masqué*.

Jean Giraud, *alias* Mœbius, vient de faire paraître *L'Incal noir*. Il est également le dessinateur du lieutenant Blueberry, scénarisé par son voisin de plateau Jean-Michel Charlier.

Dans l'intimité des écrivains illustres

10 SEPTEMBRE 1982

Invités : Jean Favier, Roger Duchêne, Eugène Ionesco, Pierre Sipriot, Marc Cholodenko

« Nous allons passer à Victor Hugo avec Eugène Ionesco. Vous étiez un jeune homme et vous avez écrit ce texte en langue roumaine. C'est un livre, un petit livre, une sorte de libelle, qui est fort drôle, mais très impertinent et très méchant contre notre gloire nationale. »

Bernard Pivot

Le plateau de l'émission sur le thème de « L'intimité des écrivains illustres », avec, de gauche à droite, Marc Cholodenko, Roger Duchêne et Eugène Ionesco. Ce dernier s'exprime sur la figure de Victor Hugo, qu'il n'apprécie guère, et qu'il place au centre de cette biographie burlesque.

« Victor Hugo me paraissait être ce poète extra-éloquent et j'avais toujours eu l'impression que sa poésie disparaissait à travers les vers. »

Eugène Ionesco

Eugène Ionesco, 72 ans, fume sur le plateau. Il vient de publier l'*Hugoliade*, livre qu'il a écrit entre 20 et 25 ans.

Des romans dans l'histoire

4 MARS 1983

Invités : Gore Vidal, Serge Bramly, Frédéric Vitoux, Michel Peyramaure, Françoise Sagan

« Ça se passe au siècle romantique, les sentiments y sont extrêmes. Comme ils sont contrariés par des éléments extérieurs, la société, les autres, les préjugés de l'époque, ils se développent de plus en plus fort, deviennent entiers et plus violents que maintenant. »

Françoise Sagan

Françoise Sagan, présente pour la quatrième fois dans l'émission. Elle vient de publier *Un orage immobile*, qu'elle qualifie de « roman du désordre ».

Gore Vidal, présent pour la parution de *Création*.

Sous le regard du public

8 AVRIL 1983

Invités : Yves Montand, Jorge Semprún, Dan Franck, François Truffaut, René Pétillon

François Truffaut « Il n'y a plus de stars depuis l'apparition de la télévision.

Bernard Pivot Et Montand, alors ?

F. T. Montand ? Une grande vedette.

B. P. Alors quelle différence entre une "grande vedette" et une star ?

F. T. Une star, c'est quelqu'un qu'on ne peut pas voir à la télévision. C'est Greta Garbo, par exemple. Ou bien Evita Perón. Depuis que quelqu'un peut entrer chez vous et parler dans votre salon, il n'y a plus de star.

Yves Montand Oui, vous perdez une forme de mystère. Les gens vous connaissent un peu mieux, même si ce n'est qu'apparence. »

François Truffaut présente *Je hais les acteurs* de Ben Hecht et la biographie d'André Bazin par Dudley Andrew. Au cours de la discussion, il prend également la défense de Solidarność. Son fondateur, Lech Wałęsa sera l'invité d'honneur de l'émission en 1987.

Jorge Semprún et Yves Montand, auquel il vient de consacrer un essai-portrait : *Montand, la vie continue*.

apostrophes
apostrophes
apostrophes
trophe
s

Ça s'est passé en Amérique latine

10 JUIN 1983

Invités : Elizabeth Burgos, Jacques Bock, Mario Vargas Llosa, Anne-Sophie Tiberghien

Mario Vargas Llosa « J'aime beaucoup les écrivains du XIXe siècle. Peut-être parce que c'est l'âge du grand roman, le roman d'aventure, le roman ambitieux qui voulait embrasser toutes les expériences sociales, humaines. Je crois que c'est encore un modèle que nous essayons de répéter en Amérique latine.

Bernard Pivot Et vous réussissez.

Mario Vargas Llosa Je ne sais pas si nous réussissons mais nous, écrivains latino-américains, aimerions faire pour notre pays ce que Flaubert, Stendhal et Balzac ont fait pour le leur : montrer le fourmillement de la société, avec une perspective artistique personnelle. »

Mario Vargas Llosa, futur prix Nobel de littérature (2010), sur le plateau de l'émission pour présenter *La Guerre de la fin du monde*. Il avoue au cours de l'émission être amoureux de madame Bovary, à qui il a consacré l'ouvrage *L'Orgie perpétuelle (Flaubert et madame Bovary)*.

Plateau de la 388e émission consacrée à l'Amérique latine, sa politique, sa culture et ses paysages avec, de gauche à droite, Jacques Bock, Elizabeth Burgos, Sophie Tiberghien et Mario Vargas Llosa.

Les romanciers best-sellers sont-ils heureux ?

22 JUILLET 1983

Invités : Guy des Cars, Patrice Laffont, Paul-Loup Sulitzer, Harold Robbins, Sylvie Audoly

Le plateau de l'émission rassemblant des auteurs de best-sellers. Sont présents, de gauche à droite, Guy des Cars, Paul-Loup Sulitzer, Sylvie Audoly, Patrice Laffont et Harold Robbins.

Paul-Loup Sulitzer. Ce dernier vient de publier *Le Roi vert*.

Patrice Laffont présent pour la parution de son premier roman, *Le Visiteur de l'été*.

Guy des Cars, pour la parution de son 43e roman *Le Crime de Mathilde*.

« Les romanciers best-sellers sont-ils heureux ? Voilà une question qui peut surprendre. En effet, comment ne pas être heureux quand on vend chacun de ses livres à plusieurs centaines de milliers d'exemplaires ? Oui, mais cette faveur auprès du public se paye souvent de l'indifférence de la critique et du mépris des intellectuels, et voilà qui peut gâter le bonheur dû à la notoriété et à l'argent. »

Bernard Pivot (en introduction)

APOSTROPHES
Raymond ARON

Mémoires
Raymond
ARON

400e émission : le vingtième siècle de Raymond Aron

23 SEPTEMBRE 1983

Invités : Raymond Aron, François George, Jacques Julliard

« Il y a une fois où le mot “bonheur” est employé. À la fin des années 1930 : “le bonheur de l'homme, le désespoir du citoyen.” Le mot “bonheur” me venait sous la plume appliqué à une certaine période de mon existence. (...) Je pense que ceux qui ont vécu la défaite, la guerre, le génocide, il leur reste, au fond d'eux-mêmes, quelque chose qui leur rend presque impossible d'employer le mot “ bonheur”. Il est possible de vivre, de surmonter les souvenirs, mais il y a quelque chose une fois pour toutes qui est frappé. »

Raymond Aron

Raymond Aron, tour à tour journaliste, philosophe, professeur, mais aussi ancien joueur de tennis, comédien amateur, ami de Sartre et de Malraux, grand admirateur de Charles de Gaulle... ici invité d'honneur de Bernard Pivot.

DOUBLE PAGE PRÉCÉDENTE
Le plateau de la 400e émission et son tout nouveau décor, présenté pour la première fois.

Kafka, Orwell, Kundera

27 JANVIER 1984

Invités : Milan Kundera, Simon Leys, Maurice Nadeau

Bernard Pivot « Vous dîtes que vous n'aimez pas les photographes ni les caméras. Vous écrivez d'ailleurs : "Nous avons tous besoin d'être regardés. On pourrait nous ranger en quatre catégories selon le type de regard sous lequel nous voulons vivre." »

L'écrivain Milan Kundera, qui « n'aime pas beaucoup les photographes ni les caméras », se cache le visage avant le début de l'émission.

Le plateau de l'émission avec, de gauche à droite, Milan Kundera, Simon Leys et Maurice Nadeau. Le romancier s'attardera sur l'écriture musicale, l'exil, l'érotisme de ses livres, l'importance de Prague dans la culture européenne et les deux autres écrivains à l'honneur dans cette émission, Orwell et Kafka.

Milan Kundera Il y a des gens qui désirent être regardés par le public. Ce sont les gens possédés de gloire et de notoriété. Puis, ceux qui désirent le regard des gens qu'ils connaissent. Ensuite, ceux qui ne peuvent pas vivre sans le regard de quelqu'un qui les aime. Et la quatrième catégorie ce sont les gens qui vivent sous le regard de quelqu'un qui n'est pas présent : ce sont les rêveurs. »

Émission à retrouver sur INA madelen

Jeunesses

6 AVRIL 1984

Invités : Jacques Brenner, Georges-Emmanuel Clancier, Annie Ernaux, François Maspero, Alain Bosquet

« Je pense que les mots, les phrases qu'on emploie, retracent vraiment le monde où l'on vit. (...) Le roman, ça embellit toujours et moi je ne voulais pas me laisser aller à cela. (...) L'"écriture plate" est l'écriture du constat. Je ne voulais pas commenter. (...) Je dis les faits tels qu'ils sont.

Annie Ernaux

« *La Place* est un livre qui laisse sans voix. (...) Quand on a écrit un livre comme ça on a envie de se taire. Et quand on a lu un livre comme ça on a envie de le mettre à côté de soi, de relire et d'y repenser. C'est un livre auquel je reviendrai. »

François Maspero

Annie Ernaux, présente pour la première fois à l'émission à l'occasion de la sortie de *La Place*, livre-obituaire consacré à son père. Elle évoque sa nécessité de ne pas faire un roman, cela aurait été une « trahison » pour l'écrivaine.

Bernard Pivot relève la phrase : « J'écris peut-être parce qu'on n'avait plus rien à se dire. » L'écrivaine développe sur sa difficulté à communiquer avec son père, en raison d'un fossé culturel et social.

Le plateau de l'émission avec, de gauche à droite, François Maspero, Annie Ernaux, Georges-Emmanuel Clancier, Alain Bosquet et Jacques Brenner.

Claude Lévi-Strauss

4 MAI 1984

Invité : Claude Lévi-Strauss

Claude Lévi-Strauss dédicace un exemplaire de travail soigneusement annoté.

Claude Lévi-Strauss et Bernard Pivot dans le bureau de l'anthropologue. Celui-ci présente notamment un totem derrière lui et déclare : « Le structuralisme est un effort pour introduire dans les sciences sociales dites humaines un peu plus de rigueur. »

Claude Lévi-Strauss avant l'enregistrement de son entretien avec Bernard Pivot. Il y sera question de son voyage au Brésil, de ses travaux sur les liens de parenté et les règles du mariage ainsi que d'ethnologie, dont il propose la définition suivante : « Il s'agit d'essayer de comprendre l'homme par la totalité de ses expériences et de ses réalisations. »

« À l'origine, dans ma pensée, *Tristes tropiques* était un roman. Je n'ai pas assez d'imagination. Je ne sais pas créer des personnages. L'ethnologue voudrait être aussi exact et authentique que possible. Il voudrait copier ses modèles. (...) *Tristes tropiques* a été écrit en quatre mois comme une sorte de pensum dont il fallait que je me débarrasse parce que je n'avais pas le goût de parler de moi, de raconter des petites histoires, des petits détails de voyages, et, en même temps, je suis bien obligé de constater rétrospectivement qu'il y a dans *Tristes tropiques* une certaine vérité scientifique qui est peut-être plus grande que dans nos ouvrages objectifs. Pour autant, je n'ai fait que réintégrer l'observateur dans l'objet de son observation. »

Claude Lévi-Strauss

Femmes dans le couple

11 MAI 1984

Invitées : Nancy Huston, Martine Bourillon, Françoise Dorin, Catherine Lamour, Danièle Granet, Jeanne Cressanges, Frédérique Gruyer

Plateau de l'émission avec, de gauche à droite, Jeanne Cressanges, Martine Bourillon, Frédérique Gruyer, Nancy Huston, Danièle Granet, et Catherine Lamour. L'émission est introduite par la phrase de Julien Gracq : « Le couple est une chose plus compliquée et plus confondante que l'harmonie des sphères. »

Nancy Huston présente sa correspondance avec Sam Kinser, *À l'amour comme à la guerre*.

« Vous avez dit tout à l'heure que j'avais adopté la langue française. Je pense souvent que c'est elle qui m'a adoptée. C'est ma nouvelle mère… ma nouvelle langue maternelle. »

Nancy Huston

L'Avenir de la crise

3 AOÛT 1984

Invités : Jacques Attali, Jean Boissonnat, Alain Minc, Roger Martin

« Il est impossible d'essayer de comprendre la petite partie visible de l'iceberg qu'on appelle le quotidien, ou l'actualité, sans une réflexion sur sa dimension générale dans le temps et sa dimension transversale, ses dimensions culturelles. Autrement dit, comprendre la crise aujourd'hui n'est pas possible sans comprendre toutes les crises qui ont précédé et sans essayer de voir quels sont les cercles, c'est-à-dire les invariants, de toutes ces crises. »

Jacques Attali

L'inspecteur des Finances Alain Minc analyse la crise et sa dynamique, et présente son livre *L'Avenir en face.*

Jacques Attali propose une synthèse de ses précédents travaux dans un essai sur la philosophie de l'histoire *La Figure de Fraser.*

PHES

Sur la ligne de départ

31 AOÛT 1984

Invités : Tony Cartano, Emmanuel Carrère, Alain Gerber, Marie-Thérèse Humbert, Catherine Lepront, Raoul Mille

« Dans son journal, à propos de *Frankenstein*, Mary Shelley a un mot très beau, elle dit : "On ne raconte pas une histoire à partir de rien du tout, mais à partir du chaos."
C'est exactement comme d'ailleurs le docteur Frankenstein ne fabrique pas son monstre à partir de rien du tout, mais à partir de morceaux d'êtres humains. »

Emmanuel Carrère

Emmanuel Carrère, 26 ans, présente *Bravoure*, qui imagine la genèse de *Frankenstein*. Ce deuxième roman est publié aux éditions P.O.L., auxquelles il restera fidèle.

Tony Cartano, Catherine Lepront et Emmanuel Carrère sur le plateau.

Plateau de l'émission avec, de gauche à droite, Tony Cartano, Catherine Lepront, Emmanuel Carrère, Alain Gerber, Marie-Thérèse Humbert et Raoul Mille.

Premiers romans

21 SEPTEMBRE 1984

Invités : Claude Thibault, Marianne Dubertret, Bernard-Marie Koltès, Jean-Claude Guillebaud, Bernard-Henri Lévy, Alain Demouzon

Bernard-Marie Koltès « Mon objectif quand j'écris une histoire, c'est d'être le plus simple possible, le plus compréhensible possible. (...) À partir du moment où on sait que l'histoire qu'on est en train d'écrire est faite pour être lue, et qu'on veut faire le plus simple possible, tous les coups sont permis. »

Bernard Pivot « Le roman permet de dire des choses que vous ne pouviez pas dire ?

Bernard-Henri Lévy Oui, je crois que le roman voit plus clair, plus loin que l'essai. L'essai de philosophie est beaucoup plus dogmatique, il prend les questions de l'extérieur, il les traite de manière très tranchée. Le roman est plus pervers, il est plus équivoque au sens propre du terme. »

Bernard-Henri Lévy pour *Le Diable en tête*, Marianne Dubertret pour *Fany de bulle en bulle* et Bernard-Marie Koltès pour *La Fuite à cheval très loin dans la ville*, présents pour une émission consacrée aux premiers romans.

Bernard-Marie Koltès, pour la parution de *La Fuite à cheval très loin dans la ville*. Écrit en 1976, le roman n'est publié qu'en 1984.

Marguerite Duras

28 SEPTEMBRE 1984
Invitée : Marguerite Duras

« Je suis une alcoolique. J'ai connu des hommes qui me faisaient boire. J'ai commencé comme ça. Des hommes avec qui je sortais tous les soirs. (…) On boit parce que Dieu n'existe pas. »

« Le style, je ne m'en occupe pas. Je dis les choses comme elles arrivent sur moi, comme elles m'attaquent, comme elles m'aveuglent. (…) L'écriture courante, que je cherchais, je l'ai atteinte. Maintenant, j'en suis sûre. Par "écriture courante" je dirais "écriture distraite", une écriture qui court, plus pressée d'attraper les choses que de les dire. Je parle de la crête des mots. C'est une écriture qui progresse, pour aller vite. Quand on écrit, c'est le drame : on oublie tout, tout de suite. Et c'est affreux quelques fois. »

Marguerite Duras

La romancière vient de faire paraître *L'Amant*, qui s'est déjà écoulé à 100 000 exemplaires en quatre semaines. Un mois plus tard, elle recevra pour ce livre le prix Goncourt 1984.

DOUBLE PAGE PRÉCÉDENTE
Bernard Pivot et Marguerite Duras, face-à-face avant l'enregistrement en direct de l'émission consacrée à l'écrivaine. Elle se livre avec franchise sur sa mère et *Un barrage contre le Pacifique*, sur Dieu, son alcoolisme, sa douloureuse nécessité d'écrire ou encore sur son enfance, la politique de Mitterrand, le corps et le désir.

Rebelles

5 OCTOBRE 1984

Invités : Lucie Aubrac, Jacques Isorni, Léon Mercadet, Claude Mauriac

Bernard Pivot « Pourquoi étiez-vous dans la résistance ?

Lucie Aubrac J'ai l'impression que si vous aviez vécu cette période, vous auriez trouvé que c'était la démarche normale de quelqu'un de raisonnable. Quand on était raisonnable et sensé, on ne pouvait pas accepter qu'il y ait sur le sol de France un occupant étranger. Et quel occupant ! Qui se doublait d'un nazi et d'un raciste. La moindre des choses, quand on avait un petit peu de sens moral, ça allait avec la santé morale et avec la santé civique des gens, c'était de s'opposer à l'occupant et au régime de collaboration qui travaillait avec l'occupant. »

Plateau de l'émission avec, de gauche à droite, Claude Mauriac, Lucie Aubrac, Jacques Isorni et Léon Mercadet. Les débats seront tendus.

Le journaliste Léon Mercadet invité à l'occasion de la parution de *La Brigade Alsace-Lorraine*.

Lucie Aubrac présente son livre *Ils partiront dans l'ivresse* et raconte son engagement dans la résistance.

L'avocat Jacques Isorni, présent pour ses *Mémoires (1911-1945)*.

Claude Mauriac, secrétaire particulier du général de Gaulle de 1944 à 1988, présente la « monumentale biographie » de Jean Lacouture, *De Gaulle, le rebelle*. Le biographe a refusé de participer à l'émission en raison de la présence de Jacques Isorni qui a été l'avocat du maréchal Pétain.

Les Mauvais Sentiments

15 FÉVRIER 1985

Invités : Morgan Sportès, Jean-Marc Roberts, Louis Julien, Anne Vergne, Marc-Édouard Nabe, Jean Tabary

« Vous allez en entendre de belles ce soir à *Apostrophes*. Par exemple, un éloge du crime passionnel, ou encore la haine proclamée de l'humanité ou alors l'art et la manière de saigner ses ennemis. On comprend donc pourquoi j'ai intitulé cette émission "les mauvais sentiments". »

Bernard Pivot

Morgan Sportès présente *Je t'aime, je te tue*.

Marc-Édouard Nabe, pour *Au régal des vermines*.

Jean Tabary, auteur de la série de bande dessinée *Iznogoud*.

Jean-Marc Roberts invité à l'occasion de la publication de son roman *Méchant*.

Plateau de l'émission avec, de gauche à droite, Anne Vergne, Marc-Édouard Nabe, Jean Tabary, Louis Julien, Jean-Marc Roberts et Morgan Sportès.

Pourquoi écrivez-vous ?

22 MARS 1985

Invités : Michel Tremblay, Christine de Rivoyre, William Boyd, Édouard Glissant, Daniel Rondeau, Kazimierz Brandys

« Dans une guerre, vous pouvez voir plus clairement ce qu'il y a dans la vie. C'est un symbole de la condition humaine. La guerre, je pense, est chaotique, c'est absurde, c'est déterminé par le hasard. »

William Boyd (en français)

Daniel Rondeau donne les réponses de Norman Mailer et de Kundera à la question posée dans le titre de l'émission.

L'écrivain britannique William Boyd présente son dernier roman *Comme neige au soleil*.

Plateau de l'émission à l'occasion du cinquième Salon du Livre de Paris avec, de gauche à droite, Kazimierz Brandys, Édouard Glissant, Daniel Rondeau, Michel Tremblay, William Boyd et Christine de Rivoyre.

Romans d'amour

17 MAI 1985

Invités : Frances Scott « Scottie » Fitzgerald, Jacques Tournier, François Sagan, Huguette Debaisieux, Antoine Compagnon, Ghislaine Shoeller

« Entre *Tendre est la nuit* de l'Américain Scott Fitzgerald et *De guerre lasse* il y a un demi-siècle et combien d'autres romans d'amour. »

Bernard Pivot

« Les villes sont peut-être plus importantes que l'amour lui-même. En un sens, l'amour est le décor, et les vrais personnages, ce sont les villes. »

Antoine Compagnon

Antoine Compagnon, pour la parution de son récit d'amour *Ferragosto*.

Françoise Sagan « Je vois Zelda et Francis Scott Fitzgerald comme des gens qui avaient le goût du bonheur, plein d'atouts pour être heureux, mais quelque chose en eux qui s'y refusaient, un tout petit rien qui flottait dans l'air, un désespoir, une sorte de fêlure.

Scottie Fitzgerald (en français) Dans les romans de Françoise Sagan, les personnages sont très proches de mes parents. (...) Ça pourrait être très beau, et ce n'est pas très beau. »

Sixième apparition de Françoise Sagan dans l'émission. Elle vient de publier *De Guerre lasse*.

Scottie Fitzgerald, fille de Francis Scott et de Zelda Fitzgerald. Elle parlera de la relation entre ses parents à la lecture de leur correspondance et de *Tendre est la nuit*.

Les Journalistes

24 MAI 1985

Invités : Michel Parbot, Jacques Chancel, Bernard Voyenne, Jacques Abouchar, Christophe de Ponfilly, Claude Sarraute

« J'ai écrit ce matin, j'écrirai sans doute cette nuit, et je parlerai de ce qui s'est passé ici. Pourquoi devenons-nous journaliste ? Moi, je suis devenu journaliste parce que j'ai cette nécessité d'écrire. »

Jacques Chancel

Plateau de l'émission avec, de gauche à droite, Claude Sarraute, Jacques Chancel, Michel Parbot, Christophe de Ponfilly, Jacques Abouchar et Bernard Voyenne.

Bernard Pivot « Votre style est direct, populaire, parlé, familier. Ça a été bien accueilli au *Monde* ?

Claude Sarraute Il a fallu du temps pour que les gens s'habituent. La première fois que mon directeur a eu à relire un papier, j'avais écrit "mec", il a corrigé pour "bonhomme". »

Jacques Chancel publie son journal *Le Guetteur de rives*.

Claude Sarraute présente un recueil de ses billets quotidiens parus au *Monde* : *Dites donc !*

Le Corps

31 MAI 1985

Invités : Jane Fonda, Georges Vigarello, Jacques de Langlade, Eliane Perrin, Léon Schwartzenberg

« Nos mères et nos grands-mères étaient beaucoup moins préparées à confronter la vieillesse que nous aujourd'hui. Nous faisons partie d'une génération de transition. »

Jane Fonda (en français)

La comédienne américaine Jane Fonda présente son livre de conseils *Le Bel Âge de la femme*. Elle évoque son rapport à la vieillesse : « Je suis plus en harmonie avec moi-même, psychologiquement, physiquement, moralement, qu'autrefois... Je suis plus forte physiquement... Et j'ai plus de joie de vivre, d'énergie... »

Plateau de l'émission avec, de gauche à droite, Léon Schwartzenberg, Eliane Perrin, Jacques de Langlade, Georges Vigarello, Jane Fonda. Au cours de la soirée, Bernard Pivot tomba de son propre aveu « sous le charme » de l'actrice.

Le Plaisir des mots

6 DÉCEMBRE 1985

Invités : Raymond Devos, Alain Rey, Claude Kannas, Claude Hagège, Alain Duchesne, Marie-José Jaubert

Plateau de l'émission avec, de gauche à droite, Claude Kannas, Raymond Devos, Alain Duchesne, Marie-José Jaubert, Alain Rey et Claude Hagège.

Claude Hagège « Il n'y a aucune espèce de raison pour que l'espèce humaine ait une seule langue. Vous le regrettez amèrement ?

Raymond Devos Oui, je le regrette pour une raison : l'humour. L'humour ne passe pas une frontière, et c'est désolant. Si on l'avait une langue universelle, l'esprit pourrait jouer. »

Claude Hagège, « l'homme qui sait tout » (Bernard Pivot), invité pour la parution de *L'Homme de paroles*.

L'humoriste Raymond Devos, invité « exceptionnel » car il « n'a pas de livre à présenter ».

C'est du cinéma

27 DÉCEMBRE 1985

Invités : Patrick Brion, Dominique Rabourdin, Michel Ciment, Jean-Luc Godard, Bernard Chardère, Léo Sauvage

« Avec sa mort, François [Truffaut] a réussi là où nous n'avons pas réussi : faire respecter une autre idée du cinéma que celle d'Hollywood. (...) Maintenant que François est mort, on ne se gêne plus pour dire du mal de la Nouvelle Vague. Longtemps, je me suis moqué de lui en lui disant : "Tu finiras à l'Académie française", ce qui était péjoratif pour moi, mais j'ai fini par comprendre que s'il y était, on était protégés jusqu'à la fin de sa vie. »

Jean-Luc Godard

Plateau de l'émission avec, de gauche à droite, Michel Ciment, Bernard Chardère, Jean-Luc Godard, Patrick Brion, Léo Sauvage et Dominique Rabourdin. À la fin de l'émission, l'atmosphère se tend entre Bernard Pivot et Jean-Luc Godard à propos de la télévision. Le cinéaste affirme : « Le cinéma, c'est une projection qui est plus grande que soi, la télévision, c'est une projection qui est plus petite. »

Jean-Luc Godard présente son « autobiographie professionnelle » (Pivot), *Jean-Luc Godard par Jean-Luc Godard*.

Un stylo dans le patrimoine génétique

18 AVRIL 1986

Invités : Emmanuel Carrère, Hélène Carrère d'Encausse, Jean Delay, Florence Delay, Jean Dutourd, Frédéric Dutourd

Florence Delay « Notre père ne nous a pas dirigées, il nous a laissé faire.

Emmanuel Carrère Dans un roman précédent, j'avais mis dans la bouche de Lord Byron dix lignes d'un ouvrage de ma mère. J'attends qu'elle mette à son tour un extrait d'un de mes livres dans la bouche de Brejnev.

Frédéric Dutourd J'ai lutté très farouchement pour ne pas écrire. »

Jean Delay et sa fille Florence. Le psychiatre et écrivain fera un malaise sur le plateau. Florence se précipitera alors vers lui avant de continuer l'interview avec sang-froid.

Hélène Carrère d'Encausse et son fils Emmanuel, alors âgé de 28 ans. Emmanuel Carrère vient présenter son troisième roman *La Moustache*.

Jean Dutourd et son fils Frédéric.

Elle et lui : quelle affaire, quel drame !

25 AVRIL 1986

Invités : Anny Duperey, Guy Dupré, Anthony Summers, Irène Pennacchioni, Élisabeth Badinter

Élisabeth Badinter, alors directrice d'un séminaire d'histoire et de psychologie de la famille à l'École polytechnique, présente son ouvrage *L'Un est l'Autre : des relations entre hommes et femmes*.

« Le patriarcat commence à agoniser en occident avec la Révolution française. (...) Et il faudra attendre deux cents ans pour que les droits des hommes deviennent les droits de l'Homme, qui s'appliquent aussi aux femmes. Je pense que le patriarcat est mort du point de vue idéologique mais il faudra encore quelques décennies pour qu'il meure dans la pratique. »

Élisabeth Badinter

La comédienne Anny Duperey présente son deuxième roman *Le Nez de Mazarin*.

Ils avaient 20 ans en Mai-68

23 MAI 1986

Invités : Guy Hocquenghem, Laurent Dispot, Pascal Bruckner, Bernard Tapie

« Sont réunis ce soir, sur le plateau d'*Apostrophes*, trois intellectuels et un chef d'entreprise. En mai 1968, ils avaient vingt ans. En mai 1986, ce sont des quadragénaires ou en passe de l'être. Où en sont-ils ? Que disent-ils ? Qu'écrivent-ils ? En épigraphe de cette émission je souhaiterais vous citer une publicité que vous avez certainement vue dans les quotidiens : "Mai 68, on a refait le monde. Mai 86, on refait la cuisine." »

Bernard Pivot (en introduction de l'émission)

Plateau de l'émission avec, de gauche à droite, Pascal Bruckner, Bernard Tapie, Guy Hocquenghem et Laurent Dispot.

Avec *Gagner*, Bernard Tapie raconte son parcours de chef d'entreprise. Il avait 23 ans en mai 1968 et était président d'une association de consommateurs.

Laurent Dispot, pour *Manifeste archaïque : pour une morale de la modernité*. Interne au lycée Louis-le-Grand, il avait 18 ans en mai 1968.

Pascal Bruckner, pour son conte moral et politique *Le Palais des claques*. Étudiant au lycée Henri-IV, il avait 19 ans en mai 1968.

Guy Hocquenghem présente son pamphlet *Lettre ouverte à ceux qui sont passés du col Mao au Rotary*. Il avait 22 ans en mai 1968.

Les Américains à travers leurs romans

27 JUIN 1986

Invités : John Updike, Ivan Nabokov, Maurice Rambaud, Marie-Claire Pasquier, Philippe Labro, François de Closets

Le plateau avec, de gauche à droite, François de Closets, Maurice Rambaud, John Updike, Marie-Claire Pasquier, Philippe Labro et Ivan Nabokov.

« Toute vie humaine, dans une certaine mesure, aura un côté frustrant et ça c'est le fort de la nature et de la condition humaine. »

John Updike à propos des *Sorcières d'Eastwick*

John Updike, de passage à Paris, présent à l'émission à l'occasion de la publication française de son essai *Navigation littéraire* et de son roman *Les Sorcières d'Eastwick*.

Invité à présenter un roman américain, François de Closets évoque *Le Dragon et le tigre : confessions d'un taoïste à Wall Street* de David Payne.

Des romans très attendus

29 AOÛT 1986

Invités : France Huser, Jean-Edern Hallier, Sébastien Japrisot, Pierre Combescot, Jean Raspail

Plateau de la 543e émission avec, de gauche à droite, Sébastien Japrisot, Pierre Combescot, Jean Raspail, France Huser et Jean-Edern Hallier.

Sébastien Japrisot « Mon livre est une sorte d'autobiographie rêvée : je ne sais plus moi-même ce que j'ai mis de moi.

Jean-Edern Hallier Un roman, c'est de la vie détournée.

Sébastien Japrisot Exactement. Jean-Edern Hallier a détourné Charles de Foucauld.

Jean-Edern Hallier Et vous, vous avez détourné Sollers en écrivant un nouveau *Femmes*, qui lui-même est un personnage de mon roman. »

Le romancier Sébastien Japrisot présente son roman policier *La Passion des femmes.*

Jean-Edern Hallier invité à l'occasion de son ouvrage *L'Évangile du fou*, qui retrace la vie de Charles de Foucauld.

Les Livres du mois

12 SEPTEMBRE 1986

Invités : Christine Ouvrard, Daniel Cohn-Bendit, Pascal Quignard, Didier Van Cauwelaert, François Bluche

Didier Van Cauwelaert présente son roman *Les Vacances du Fantôme.*

Daniel Cohn-Bendit, à l'occasion de la parution de *Nous l'avons tant aimée, la révolution.*

Pascal Quignard, pour son roman *Le Salon de Wurtemberg.*

« L'une des grandes joies de l'écriture est quand vous avez l'impression que la vie vous copie. »

Didier Van Cauwelaert

« Je refuse simplement de liquider : ce sont des gens qui ont eu des idées, justes ou fausses, et qui ont fait un cheminement. »

Daniel Cohn-Bendit

« Pour bien décrire les lieux, il faut pouvoir les désirer. Si on les connaît, on ne les désire pas. Je pourrais les connaître, j'irais sans doute, et je serais déçu. »

Pascal Quignard

La Célébration du corps

21 NOVEMBRE 1986

Invités : Karl Lagerfeld, Noëlle Châtelet, Marc-Alain Descamps, Piero Camporesi, Michel Rachline, Patrick Grainville

« J'aime fixer sur le papier ce que je vois devant moi, qui va disparaître. S'habiller est un acte très éphémère. »

Karl Lagerfeld

Patrick Grainville présente l'album de Desmond Morris *Magie du corps*.

Noëlle Châtelet invitée à l'occasion de la parution de son recueil de nouvelles *Histoires de bouches*.

Karl Lagerfeld, présent pour son album de croquis *Journal de mode* avec Anna Piaggi.

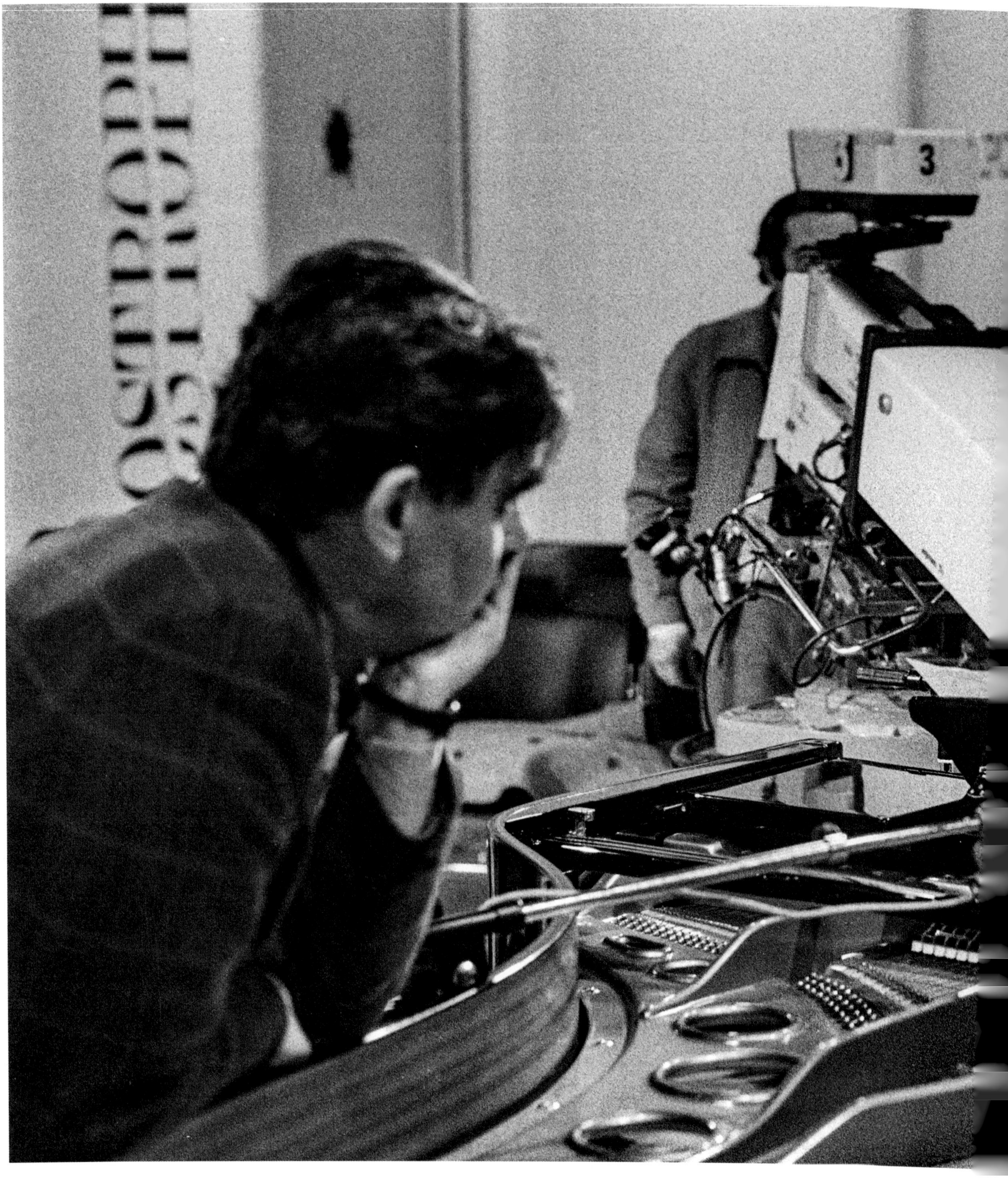

Apostrophes en chansons

26 DÉCEMBRE 1986

Invités : Étienne Auberger, Maxime Le Forestier, Guy Béart, Anne Sylvestre, Pierre Perret, Serge Gainsbourg, Louis Chedid

Plateau de la 560e émission, avec, de gauche à droite, Pierre Perret, Anne Sylvestre, Guy Béart et Maxime Le Forestier.

Serge Gainsbourg assis au piano. Au cours de l'émission, une dispute éclate avec Guy Béart.

DOUBLE PAGE PRÉCÉDENTE
Serge Gainsbourg interprète « Ronsard 58 » en direct.

Serge Gainsbourg « Un art majeur demande une initiation. Pas un art mineur, comme les conneries que nous faisons.

Guy Béart Ça n'a rien de mineur, une chanson.

S. G. Qu'est-ce qu'il a, le connard ?

G. B. C'est Béart qui te parle ! En quoi c'est mineur, une chanson ?

S. G. Tu n'as pas besoin d'initiation pour la chanson. Tu as besoin d'initiation pour les arts majeurs : l'architecture, la peinture, la musique classique, la littérature et la poésie. Nous ne faisons pas de la poésie !

G. B. Il n'y a pas d'art mineur, et ce n'est pas la peine de faire de la chanson en disant que c'est mineur. Sinon, je ne serai pas là.

S. G. Oh, ta gueule ! Tu fais un art mineur, mon petit gars. Tu prends du pognon aux salauds de pauvres. Comme moi. »

Les Livres du mois

15 MAI 1987

Invités : Jacques Higelin, Jean Marais, Kenizé Mourad, Francis Ambrière, Loup Durand

« Jean Cocteau est un homme qui parle avec son cœur.
Alors n'importe qui peut comprendre ce qu'il dit.
C'est un poète dans le vrai sens du terme : un vrai homme. »

Jacques Higelin

Plateau de la 580e émission avec, de gauche à droite, Kenizé Mourad, Jean Marais, Francis Ambrière, Loup Durand et Jacques Higelin.

« Pour moi, l'amitié et l'amour sont presque synonymes. Les amours durent souvent très peu. L'amitié peut durer éternellement. »

Jean Marais

Jean Marais présente sa correspondance avec Jean Cocteau de 1938 à 1963, *Lettres à Jean Marais*. Il dévoile qu'ils étaient amants.

Jacques Higelin vient de publier *Lettres d'amour d'un soldat de vingt ans*, recueil des lettres qu'il a envoyées à la femme qu'il aimait, alors qu'il était soldat en Allemagne puis en Algérie.

Écrivains, vos papiers

5 JUIN 1987

Invités : Michel Piccoli, Jeanne Champion, Marcel Jullian, Claude Pichois, Raymond Castans

Michel Piccoli « Je crois avoir connu Arthur Schnitzler, parce que je l'ai joué, j'ai parlé à sa place.

Marcel Jullian Mais le jouer, est-ce à dire qu'on le connaît ? »

L'acteur Michel Piccoli présente *Une jeunesse viennoise*, l'autobiographie d'Arthur Schnitzler. Vient de sortir en salle *Terre étrangère* de Luc Bondy, une adaptation d'une pièce de ce même auteur, dans laquelle Piccoli incarne le rôle principal.

Marcel Jullian, à l'occasion de la parution de son ouvrage *Je suis François Villon*, exprime sa profonde admiration pour le poète.

Les Lectures de Jeanne Moreau

4 DÉCEMBRE 1987

Invités : Jeanne Moreau, Georges-Arthur Goldschmidt, Michel Tournier, Philippe Druillet, Bernard Loiseau, Henriette Jelinek

« À travers la lecture, j'ai appris la liberté, la liberté intérieure, être intouchable, avoir un univers secret. Dans la lecture, il y a des moments où on se cherche, et on se trouve et ça c'est épatant. Tout d'un coup on peut s'identifier à certaines paroles qu'on trouve imprimées, et on a un soulagement énorme. »

Jeanne Moreau

Bernard Loiseau présente le livre qu'il a préfacé *Cuisine, la bonne école pour tous*.

Michel Tournier, invité sur le plateau et auteur de la préface du dernier album de la bande dessinée *Salammbô* de Philippe Druillet, également présent. Durant l'émission, il échange avec Jeanne Moreau sur Goethe.

L'actrice Jeanne Moreau invitée d'honneur de l'émission.

Arthur Miller face aux photographes sur le plateau. L'écrivain, célèbre pour ses œuvres, est également beaucoup interrogé sur son mariage avec Marilyn Monroe, « la femme la plus triste [qu'il] n'ait jamais rencontrée ».

« Tout le bonheur que Marilyn exprimait à l'écran était une façon d'échapper à sa tristesse. Elle combattait cette pesanteur en manifestant de la joie. »

Arthur Miller

Arthur Miller

15 AVRIL 1988

Invités : François Périer, Philippe Labro, André Brink, Arthur Miller

Arthur Miller, à l'occasion de l'épisode qui lui est consacré. La toute première question de Bernard Pivot porte sur les raisons de son « sentiment de culpabilité » : il a commencé dans la vie comme ouvrier et a l'impression d'abandonner derrière lui la communauté prolétaire.

Les Livres du mois

9 SEPTEMBRE 1988

Invités : Claude Lévi-Strauss, Didier Eribon, Jean-Marie Gustave Le Clézio, Tom Wolfe

Bernard Pivot « Vous avez dû être surpris, Claude Lévi-Strauss, de trouver à la page 524 du livre de Tom Wolfe les Indiens Bororos que vous connaissez bien.

Claude Lévi-Strauss Oui, j'ai remarqué ! Enfin, je ne suis pas le propriétaire des Bororos !

Tom Wolfe J'ai une dette vis-à-vis de M. Lévi-Strauss. J'ai écrit au sujet des Bororos parce que je m'intéressais à la notion d'ego. (…) J'ai étudié un passage qui venait du premier volume des *Mythologiques*. J'exprime donc ma reconnaissance.

Claude Lévi-Strauss Quant à moi, je vous suis reconnaissant pour New York. Vous m'avez beaucoup apporté. »

Claude Lévi-Strauss, présent pour son recueil d'entretiens avec Didier Eribon (ici en bas), *De près et de loin*. Lorsque Bernard Pivot remarque : « Vous dites que vous auriez aimé être un auteur dramatique… », il répond : « Il y a beaucoup de choses que j'aurais aimé être. »

Plateau de l'émission avec, de gauche à droite, Didier Eribon, Claude Lévi-Strauss, Tom Wolfe et Jean-Marie Gustave Le Clézio.

Jean-Marie Gustave Le Clézio, à l'occasion de la parution de son essai *Le Rêve mexicain ou la pensée interrompue*.

« J'éprouve, vis-à-vis de New York, à la fois des sentiments d'affection et des sentiments d'horreur. Et ce depuis que j'y suis arrivé, il y a vingt-six ans. Cette ambiguïté fait partie de tout ce qui rend cette ville passionnante. Il y a constamment une impression de risque, de danger à New York. »

Tom Wolfe

L'écrivain et journaliste américain Tom Wolfe présente son roman *Le Bûcher des vanités.*

Hervé Bazin ou la vie aux Goncourt

16 SEPTEMBRE 1988

Invités : Hervé Bazin, Philippe Labro, Patrick Besson, Bernard-Henri Lévy, Érik Orsenna

« Ainsi que je vous l'avais promis, nous voici en direct du restaurant Drouant, à Paris, où est décerné chaque année le plus célèbre et le plus convoité des prix littéraires : le prix Goncourt. Mon invité d'honneur, Hervé Bazin, est le président de l'académie Goncourt. »

Bernard Pivot (en introduction)

« Depuis 1903, il s'est passé beaucoup de choses chez les Goncourt et notamment beaucoup d'hésitations, d'engueulades, de petits drames et de portes claquées. »

Hervé Bazin

Hervé Bazin est l'invité d'honneur de cet épisode. La date est importante, elle marque les quarante ans de *Vipère au poing* et les trente ans de son entrée à l'académie Goncourt. Bernard Pivot sera à son tour président de l'académie Goncourt de 2014 à 2020.

Bernard-Henri Lévy invité pour *Les Derniers Jours de Charles Baudelaire*.

Érik Orsenna, présent à l'occasion de la publication de son quatrième roman *L'Exposition coloniale*, à qui sera décerné le prix Goncourt cette année-là.

Patrick Besson, pour *La Statue du Commandeur*.

Philippe Labro invité pour *Un été dans l'Ouest*.

Des tsars aux stars

27 JANVIER 1989

Invités : Kirk Douglas, Vladimir Volkoff, Jacques Séguéla, Philippe Sollers, Jérôme Garcin, Anne Douglas

« Vous savez, quand j'ai écrit le livre, je n'étais pas sûr qu'on allait le publier. Moi, je l'ai écrit parce que je voudrais savoir qui je suis, parce que toute ma vie, pendant quarante ans, j'ai fait des films. Je vis dans le monde fantastique où je joue toujours un autre rôle et où c'est très facile d'oublier son origine. »

Kirk Douglas (en français)

Kirk Douglas présente en français ses Mémoires, *Le Fils du chiffonnier*. Sa femme, Anne, est également présente sur le plateau.

Philippe Sollers présente ses deux derniers ouvrages, *Le Lys d'Or* et *Carnet de nuit*.

Kirk Douglas et Vladimir Volkoff sur le plateau de la 655e émission.

DOUBLE PAGE PRÉCÉDENTE
Philippe Sollers.

Jérôme Garcin, pour *Le Dictionnaire*, ouvrage qu'il a dirigé et dans lequel des écrivains sont invités à rédiger leur propre notice.

Les Droits de l'homme

21 AVRIL 1989

Invités : Claude B. Levenson, Edgar Morin, Robert Badinter, Tenzin Gyatso (Dalaï-Lama)

Robert Badinter, alors président du Conseil constitutionnel, vient de publier *Libres et égaux… L'émancipation des Juifs sous la Révolution Française (1789-1791)*. Il s'exprimera également sur la question de l'occupation chinoise du Tibet.

Edgar Morin présent pour le livre qu'il a consacré à son père : *Vidal et les siens*.

Conformément à la tradition, Bernard Pivot offre au Dalaï-Lama une « kata » ou « écharpe de félicité » en tant que cadeau de bienvenue.

« Est-ce que la plus belle conquête de l'Homme, ce ne serait pas les droits de l'Homme ? »

Bernard Pivot

La Fête à Nina Berberova

28 AVRIL 1989

Invités : Nina Berberova, Michel Tournier, Henri Troyat, Raymond Devos, Pierre Hebey

L'écrivaine russe Nina Berberova est l'invitée d'honneur de l'émission pour présenter, en français, son autobiographie, *C'est moi qui souligne*.

Le plateau de l'émission avec, de gauche à droite, Henri Troyat, Michel Tournier, Raymond Devos, Pierre Hebey et Nina Berberova.

Bernard Pivot « Et la vie américaine vous plaît ?

Nina Berberova (en français) Quand on dit “plaît” ou “déplaît”, il faut penser en comparaison avec quoi. Avec la Russie ? Oui, beaucoup. Avec la Russie de Staline, et même de Gorbatchev, elle me plaît énormément, la vie. Mais quand je pense en France alors, la Concorde sous la pluie, avec les petits trucs qui brillaient dans les arbres… Enfin, passons. »

Autour de Guy Bedos

29 SEPTEMBRE 1989

Invités : Guy Bedos, René-Victor Pilhes, Marcel Mouloudji, Nina Berberova, Vaclav Jamek

« J'ai un surmoi extrêmement léger. Je ne me contrôle pas toujours. Je vais au bout de mes envies sans me dire “qu'est-ce que ça va me coûter ?”. (…) Le rôle d'un type comme moi, c'est d'être un haut-parleur et de parler aussi pour les autres. »

Guy Bedos

L'humoriste Guy Bedos, présent pour *Petites drôleries et méchancetés sans importance*.

Guy Bedos feuillette le livre *20 ans de faits divers* de Di Marco, illustrateur de journaux de faits divers. À sa droite se trouve René-Victor Pilhes.

Ciné-roman

6 OCTOBRE 1989

Invités : Elia Kazan, Joelle Miquel, Anne Wiazemsky, Philippe Noiret, Monique Lange

« Je ne me sens absolument pas apte à être metteur en scène. Je ne sais même pas si je suis apte à être comédien. Je m'acharne de ce côté-là. (...) Je me serais peut-être lancé dans la mise en scène si j'étais moins paresseux et si les conditions économiques du cinéma avaient été ce qu'elles étaient dans les années 1950, c'est-à-dire que c'était facile, ce n'était pas grave de faire un film. Mais je ne me sens pas moralement le droit de prendre la place de personnes pour qui c'est vital de faire un film. »

Philippe Noiret

Philippe Noiret, à l'occasion de la parution de l'ouvrage que lui a consacré Dominique Maillet, préfacé par François Mitterrand, ce qui a beaucoup touché le comédien.

Bernard Pivot et le réalisateur américain Elia Kazan. Il vient présenter son adaptation d'*Une vie* de Maupassant.

Bernard Pivot « Le roman n'est-il pas la continuation de l'espionnage sous une forme divertissante et agréable et surtout moins dangereuse ?

John Le Carré (en français) Ce sont des fables déguisées. Quand je lis les comparaisons qu'on fait de mes textes avec ce qui est authentique, ça ne me touche pas du tout. Je veux être crédible. Je veux conter. Si le lecteur devient une partie de mon monde, alors c'est achevé. Décorer l'histoire avec les détails, c'est pour convaincre. Pour lui prendre la main et le conduire avec moi. »

John Le Carré

24 NOVEMBRE 1989

Invités : Philippe Labro, Catherine David,
Edward Behr, John Le Carré

John Le Carré est sur le plateau pour la parution de son roman *La Maison Russie*, en compagnie de Edward Behr, Catherine David et Philippe Labro. Le romancier répondra aux questions sur son pseudonyme, l'URSS, ses romans et l'univers de l'espionnage.

John Le Carré, écrivain et ancien agent des services secrets britanniques, choisira de s'exprimer en français durant toute l'émission qui lui est consacrée.

John Le Carré et Bernard Pivot avant l'enregistrement de l'émission. L'écrivain aurait promis d'y participer deux ans plus tôt en prêtant une cravate à Bernard Pivot qui, ce soir-là, propose de la lui retourner.

L'Insoutenable Légèreté des êtres

9 FÉVRIER 1990

Invités : François Nourissier, Daniel Pennac, Patrick Grainville, Françoise Mallet-Joris, Fanny Ardant

« Aussi fou soit-on dans le roman, quelles que soient les choses qu'on imagine, on n'a jamais autant d'imagination que la réalité elle-même. (…) La réalité m'a fauché mon sujet. »

Daniel Pennac

Fanny Ardant fait part de l'émotion qu'elle a ressentie à la lecture de *L'Immortalité* de Milan Kundera.

Daniel Pennac, « révélation de l'année » pour *La Petite Marchande de prose.*

« Il faut voir le livre d'un grand écrivain comme le film d'un grand metteur en scène. (...) Pour moi, les premières pages sont très importantes parce que je subis un charme. En lisant le livre de Milan Kundera, j'ai subi un charme à cause de cette phrase où une femme fait ce geste avec la main. C'est extraordinaire pour un écrivain d'avoir saisi un geste comme un arrêt sur image dans un film. »

Fanny Ardant

Le Sexe homicide

16 MARS 1990

Invités : Jean-Didier Vincent, Hervé Guibert, Dominique Lapierre, William Cliff, Françoise Barré-Sinoussi, Charles Dauguet

L'écrivain et journaliste Hervé Guibert présente *À l'ami qui ne m'a pas sauvé la vie.*

« Savoir qu'on est séropositif, c'est quand même,
pour l'instant, jusqu'à maintenant,
quelque chose d'implacable.
C'est quand même un couperet qui tombe. (...)
Le monde s'écroule. Tout change à partir de ça. »

Hervé Guibert

Hervé Guibert raconte qu'il a assisté à la mort de Michel Foucault, dont il était l'ami. Il a écrit sur les moments insoutenables qu'il a vécus à son chevet pour mieux les exorciser.

Spécial États-Unis

11 MAI 1990

Invités : Nancy Reagan, Neil Sheehan, Philippe Labro, Paul Auster

Bernard Pivot « Vous connaissez très bien notre littérature mais elle ne vous a pas influencé.

Paul Auster (en français) Pas vraiment. La littérature française est un amour de ma très jeune jeunesse. Je suis épris de poésie française. Petit à petit, j'ai suivi mon propre chemin. »

Philippe Labro « Tout roman américain est typiquement américain et celui-là l'est particulièrement. (...) Il y a cette volonté qu'ont les auteurs américains de prendre le réel et d'emmener le lecteur en voyage. »

Nancy Reagan, ex-première dame, présente son recueil de souvenirs *À mon tour*. Cet ouvrage se veut une réponse aux mensonges et indiscrétions des journalistes.

Paul Auster, à l'occasion de la parution de *Moon Palace*. Il s'exprime en français durant toute l'émission.

Philippe Labro, Nancy Reagan et Bernard Pivot, à l'occasion d'un épisode spécial sur les États-Unis.

A MON TOUR
LES MÉMOIRES DE
NANCY REAGAN

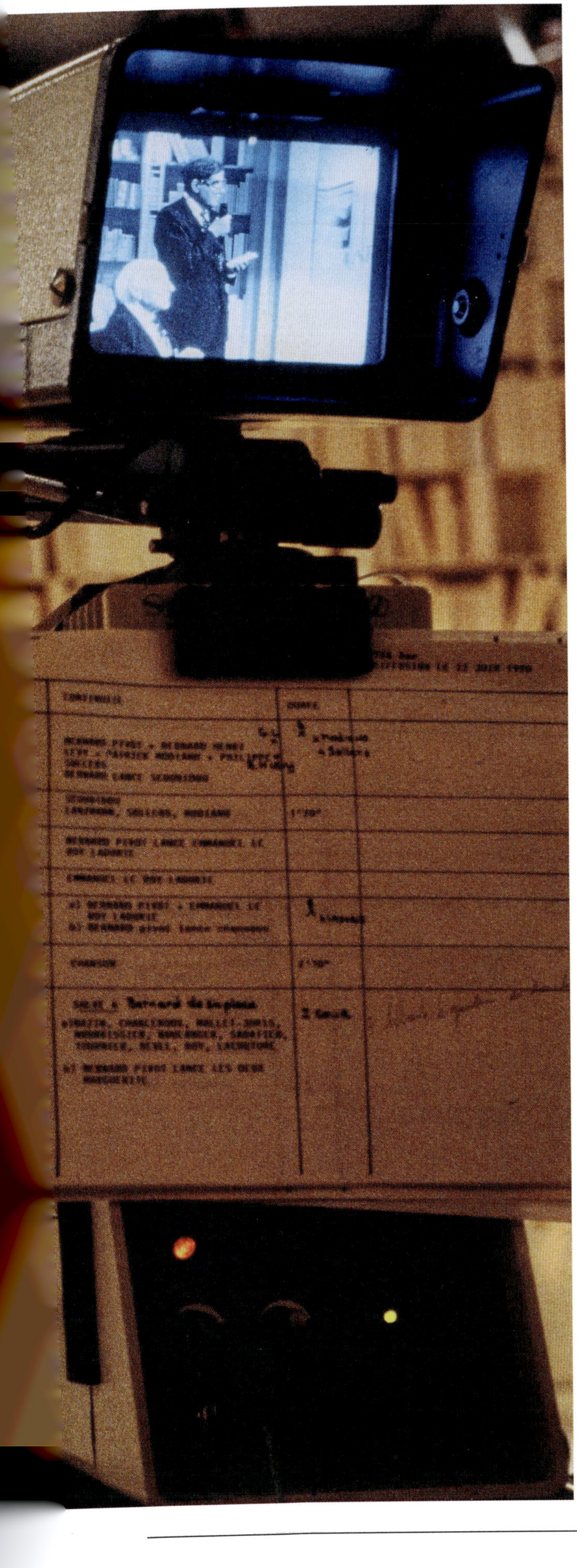

La Dernière d'Apostrophes

22 JUIN 1990

80 invités avec (notamment)… Raymond Devos, Pierre Assouline, Hervé Bazin, Tahar Ben Jelloun, Yves Berger, Hector Bianciotti, Alphonse Boudard, Daniel Boulanger, Patrick Cauvin, François Cavanna, Edmonde Charles-Roux, Lucien Chiaselotti, Paule Constant, Jean Daniel, Frédéric Dard, Alain Decaux, Jean Dutourd, Christian Giudicelli, Patrick Grainville, Claude Hagège, Jean-François Josselin, Philippe Labro, Gilles Lapouge, Jacques Laurent, Emmanuel Le Roy Ladurie, Paul Lefevre, Bernard-Henri Lévy, Georges Lubin, Françoise Mallet-Joris, Félicien Marceau, François Nourissier, Jean d'Ormesson, Érik Orsenna, Alain Peyrefitte, Bertrand Poirot-Delpech, Yann Queffélec, Jean-François Revel, Jean-Marc Roberts, Robert Sabatier, Danièle Sallenave, Jorge Semprun, Alain Serres, Philippe Sollers, Michel Tournier, Henri Troyat, Didier Van Cauwelaert, Vladimir Volkoff, Roger Vrigny, François Weyergans, Jules Roy, Jean Lacouture, Alain Minc, Madeleine Chapsal, Jean Ferniot, Geneviève Dormann, Bernard Clavel, Gilles Perrault, François de Closets, Jean-Marie Rouart, Nicole Avril, Olivier Todd, Max Gallo, France Huser, Hélène Carrère d'Encausse, Jacques Attali, Pierre Nora, Jean Tulard, Christine de Rivoyre, Lucien Bodard, Irène Frain, Jacques Lanzmann, Régine Deforges, Pierre Miquel, Gabriel Matzneff, Julia Kristeva, Claude Mauriac, Jeanne Champion, Louis Nucera, Marcel Jullian, Suzanne Prou, Françoise Chandernagor, Roger Stéphane… et Bernard Pivot.

Émission à retrouver sur INA madelen

Toutes les émissions

10/01/1975 *Les avocats n'ont-ils pas facilement bonne conscience ?*
17/01/1975 *Mais où est donc passée la droite ?*
24/01/1975 *La Liberté en Chine*
31/01/1975 *1975, année des femmes, pourquoi ?*
07/02/1975 *Les Lectures de François Mitterrand*
14/02/1975 *Qualités et défauts des journalistes*
21/02/1975 *Les Staliniens*
28/02/1975 *Le Divorce*
07/03/1975 *Arabes et Israéliens*
14/03/1975 *Qu'est-ce que l'esprit militaire ?*
21/03/1975 *Le spectacle est dans les livres*
28/03/1975 *Jésus-Christ en 1975*
04/04/1975 *Le Colonialisme américain*
11/04/1975 *À propos de Soljenitsyne*
18/04/1975 *Jactez-vous la langue verte et l'argot ?*
25/04/1975 *Trotsky hier et aujourd'hui*
02/05/1975 *Le Festival du livre*
09/05/1975 *De quels maux souffrent les médecins ?*
16/05/1975 *Le Racisme*
23/05/1975 *Les Espions*
30/05/1975 *Vladimir Nabokov*
06/06/1975 *Les Indes des Anglais, de Gandhi, de l'indépendance et des massacres*
13/06/1975 *La Sexualité racontée par les hommes*
20/06/1975 *La Protection de la vie privée*
27/06/1975 *La Vie intellectuelle sous l'occupation*
04/07/1975 *La Radio, la Télévision et le Pouvoir*
11/07/1975 *Les Écrivains et la Voile*
12/09/1975 *Les enfants sont doués, mais pour faire quoi ?*
19/09/1975 *Les Révolutionnaires*
26/09/1975 *La Trahison dans la Résistance*
03/10/1975 *Dieu est-il marxiste ?*
10/10/1975 *Que reste-t-il de la noblesse ?*
17/10/1975 *L'Intolérance*
24/10/1975 *Chaban raconte*
31/10/1975 *Peut-on maîtriser sa mort ?*
07/11/1975 *La Sexualité racontée par les femmes*
24/11/1975 *Un patron peut-il être de gauche ?*
28/11/1975 *Explorateurs des secrets de l'univers ou bricoleurs de l'impossible*
05/12/1975 *La Vie des paysans*
12/12/1975 *La Chine d'hier et d'aujourd'hui*
02/01/1976 *Les Gros Mots*
09/01/1976 *Qui est fou ?*
16/01/1976 *Le Communisme ami ou ennemi du socialisme ?*
23/01/1976 *Pierre Mendès France et la vérité*
30/01/1976 *L'Argent, le fric*
06/02/1976 *Êtes-vous réactionnaires ?*
13/02/1976 *Le Jeu le Hasard et la Chance*
20/02/1976 *L'Amour romanesque*
27/02/1976 *Trois Debré trois générations trois écrivains*
05/03/1976 *Cassius Clay*
12/03/1976 *C'est de la politique ou de la littérature ?*
19/03/1976 *Fascination de l'Amérique et des Américains*
26/03/1976 *Existe-t-il une nouvelle cuisine française ?*
02/04/1976 *La Violence dans l'histoire*
09/04/1976 *Pour ou contre La Fontaine*
16/04/1976 *Chrétien pour quoi faire ?*
23/04/1976 *L'Influence de la télévision sur le public et du public sur la télévision*
30/04/1976 *À bas le travail, vive le travail !*
07/05/1976 *Les Journalistes, l'Argent et l'Objectivité*
14/05/1976 *Les Célibataires, pourrisseurs ou victimes de la société ?*
21/05/1976 *Qu'avez-vous fait de votre vie ?*
28/05/1976 *Avez-vous le sens de l'État ?*
04/06/1976 *Les Joyeux Falsificateurs de l'histoire*
11/06/1976 *Destins de femmes*
18/06/1976 *Liberté, liberté chérie*
25/06/1976 *Le sport est-il l'opium du peuple ?*
02/07/1976 *À la gloire des criminels*
09/07/1976 *Avons-nous des leçons à prendre chez les animaux ?*
16/07/1976 *Les Pièges du pouvoir*
10/09/1976 *La Franc-maçonnerie aujourd'hui*
17/09/1976 *Pourquoi et pour qui faites-vous l'histoire ?*

24/09/1976	*La Médecine auscultée*
01/10/1976	*Destins d'hommes*
08/10/1976	*Les communistes français changent-ils ?*
15/10/1976	*Et si nous parlions de quelques grands écrivains ?*
22/10/1976	*Le Comique par l'absurde*
29/10/1976	*Alors qu'est ce qui ne va pas ?*
05/11/1976	*La Vie des stars*
12/11/1976	*De George Sand à Menie Grégoire, l'Émancipation de la femme*
19/11/1976	*Les Charmes et les Colères de la province*
26/11/1976	*André Malraux*
03/12/1976	*Cinq lauréats et deux malchanceux*
10/12/1976	*Alain Peyrefitte, auteur et lecteur*
17/12/1976	*Quel avenir pour l'homme ?*
07/01/1977	*Les Profs*
28/01/1977	*Les Injustices de l'histoire*
04/02/1977	*Quand les avocats jugent la justice*
11/02/1977	*Ruses et pouvoir de l'argent*
18/02/1977	*À quoi croyez-vous ?*
25/02/1977	*Le surréalisme est-il entré dans les mœurs ?*
04/03/1977	*Dans la mémoire de quatre écrivains*
11/03/1977	*Vive le roman populaire*
18/03/1977	*Bienfaits et méfaits de la psychanalyse*
25/03/1977	*Dis grand père comment vivait-on autrefois ?*
01/04/1977	*Farceurs et pasticheurs*
08/04/1977	*Francis Ponge, la figue et la poésie*
15/04/1977	*La politique est-elle devenue un spectacle ?*
22/04/1977	*Mai-68*
29/04/1977	*Parlez-moi d'amour*
06/05/1977	*Les Best-sellers face à la critique*
13/05/1977	*Portraits de quelques patrons*
20/05/1977	*Comment l'intelligence vient aux enfants*
27/05/1977	*Les nouveaux philosophes sont-ils de droite ou de gauche ?*
03/06/1977	*Que reprochez-vous aux Français ?*
10/06/1977	*Dialogue Dom Helder Camara-Léonide Plioutch*
17/06/1977	*Histoire et actualité du livre érotique et pornographique*
24/06/1977	*Les Petits Secrets de l'histoire*
01/07/1977	*L'Art de voyager*
08/07/1977	*Quelle Bretagne ? quels Bretons ?*
15/07/1977	*Les Racines de l'homme noir*
22/07/1977	*Céline seize ans après sa mort*
29/07/1977	*Les Promesses de la mer*
09/09/1977	*Napoléon*
16/09/1977	*Faut-il apprendre à écrire ?*
23/09/1977	*Des regards drôles et ironiques sur l'histoire*
30/09/1977	*Pères d'hier d'aujourd'hui et de demain*
07/10/1977	*Deux itinéraires communistes après la révolution d'Octobre*
14/10/1977	*De l'angoisse*
21/10/1977	*Le Capitalisme, maladie honteuse ?*
28/10/1977	*L'Exercice du pouvoir*
04/11/1977	*Alors ces français en 1940 ?*
18/11/1977	*Socialistes d'hier et d'aujourd'hui*
25/11/1977	*Une certaine idée de la France*
02/12/1977	*Ils ont eu le prix Goncourt*
09/12/1977	*Vous ne respectez donc rien ?*
23/12/1977	*Albert Cohen*
06/01/1978	*Vivre en Chine*
13/01/1978	*De mort violente*
20/01/1978	*C'est fantastique*
27/01/1978	*Pourquoi écrivez-vous des livres politiques ?*
03/02/1978	*Le Roman en liberté*
10/02/1978	*Femmes femmes femmes*
17/02/1978	*Histoires d'enfants*
24/02/1978	*Le Boire et le Manger*
03/03/1978	*Journaux intimes*
10/03/1978	*Vivre et mourir au Moyen Âge*
17/03/1978	*Poètes français d'aujourd'hui*
24/03/1978	*Portraits de Jésus*
31/03/1978	*De l'humour*
07/04/1978	*Quelques gens d'aujourd'hui*
14/04/1978	*Des écrivains empêchés*
21/04/1978	*La Vie d'artiste*
28/04/1978	*Des personnages insolites*
05/05/1978	*Itinéraires de femmes*
12/05/1978	*La Passion du football*
19/05/1978	*Itinéraires d'homme*
26/05/1978	*Ça ne sort pas de la famille*
02/06/1978	*Louis Guilloux*
09/06/1978	*Du roman ou du vécu*
16/06/1978	*Trop de livres, trop d'idées*
23/06/1978	*Génétique et hérédité*
30/06/1978	*Y a-t-il une nouvelle science-fiction ?*
07/07/1978	*À la recherche du temps perdu*
14/07/1978	*Les Intellectuels et la Petite Reine*
21/07/1978	*Les Années de vos vingt ans*
28/07/1978	*Le Tour de Jules Verne en 70 minutes*
11/08/1978	*Trois Debré, trois générations*
08/09/1978	*Pourquoi y a-t-il de bons et de mauvais élèves ?*

15/09/1978 *François Mitterrand et ses invités*
22/09/1978 *En marge de la société ?*
29/09/1978 *Les Méconnus de l'histoire*
06/10/1978 *L'Amour toujours l'amour*
13/10/1978 *Pourquoi écrire ses mémoires ?*
27/10/1978 *La Peur*
03/11/1978 *À quoi croyez-vous ?*
10/11/1978 *L'URSS et vous*
17/11/1978 *De la sexualité au* XIXe *et au* XXe *siècles*
24/11/1978 *Camus et Mauriac*
01/12/1978 *Les Intellectuels et la Collaboration*
08/12/1978 *Des goûts et des couleurs*
15/12/1978 *Sources et racines*
22/12/1978 *Marcel Jouhandeau*
29/12/1978 *L'Amour de la musique*
05/01/1979 *La Cinquantaine*
12/01/1979 *Le Sexe des mots*
19/01/1979 *Les Insurgés*
26/01/1979 *Quelles nouvelles femmes ?*
02/02/1979 *La Nouvelle Histoire*
02/03/1979 *Portrait d'enfant*
09/03/1979 *Le Roman historique français et chinois*
16/03/1979 *Jacobins et régionalistes*
23/03/1979 *Médecins et malades*
30/03/1979 *Trois grands écrivains d'Europe*
06/04/1979 *Les Soldats*
13/04/1979 *Au service de Dieu*
20/04/1979 *Les Intellectuels journalistes*
27/04/1979 *Les Premiers Romans*
04/05/1979 *Quatre leaders de l'histoire*
11/05/1979 *De Hollywood à Cannes*
18/05/1979 *Crime et châtiment*
25/05/1979 *Passions cachées, lectures secrètes*
01/06/1979 *Islamisme et judaïsme*
08/06/1979 *Le Monde de la photographie*
15/06/1979 *Des personnages d'autrefois*
22/06/1979 *La Passion d'écrire*
29/06/1979 *Le Vedettariat*
06/07/1979 *L'Aventure hier et l'Aventure aujourd'hui*
13/07/1979 *Des hommes et des femmes du peuple*
20/07/1979 *Qui a tué ?*
27/07/1979 *Guy de Maupassant*
31/08/1979 *Des romans de la rentrée*
07/09/1979 *Amériques Amériques*
14/09/1979 *Les Juifs en question*
21/09/1979 *Personnages de Russie*
28/09/1979 *Quelle nouvelle droite ?*
05/10/1979 *Histoires insolites, étranges ou extraordinaires*
12/10/1979 *Mémoires littéraires et politiques*
19/10/1979 *La Sensibilité gastronomique*
26/10/1979 *Henry Kissinger*
02/11/1979 *La Foi*
09/11/1979 *Les Passions parallèles*
16/11/1979 *La Naissance*
23/11/1979 *La Violence dans l'histoire*
30/11/1979 *La Création*
07/12/1979 *Marguerite Yourcenar*
14/12/1979 *Les publicitaires sont-ils des diables ?*
21/12/1979 *L'Historien, le Sociologue et le Romancier*
28/12/1979 *Fascinants personnages*
04/01/1980 *Propos raisonnables sur la folie*
11/01/1980 *Les Produits de l'époque*
18/01/1980 *À quoi servent les philosophes ?*
25/01/1980 *Le Sexe et ses interdits*
01/02/1980 *Au service de qui ?*
08/02/1980 *Demain le chantage atomique*
15/02/1980 *Les Jeunes Années*
22/02/1980 *Portraits de femmes*
29/02/1980 *Le Fanatisme et les Fanatiques*
07/03/1980 *Histoire, amour et magie des objets et des vêtements*
14/03/1980 *Éloge de la fantaisie*
21/03/1980 *La Corse d'hier et d'aujourd'hui*
28/03/1980 *L'Art de la biographie*
04/04/1980 *Juifs et chrétiens devant la douleur*
11/04/1980 *Le Pouvoir et le Bonheur*
18/04/1980 *Jean-Paul Sartre écrivain 1905-1980*
25/04/1980 *De l'armée du tsar à l'armée rouge*
02/05/1980 *Gustave Flaubert le maître à écrire*
09/05/1980 *Les Transports*
16/05/1980 *Il y a les femmes*
23/05/1980 *L'Afrique noire racontée par des romanciers*
30/05/1980 *L'Amour maternel*
06/06/1980 *La Liberté des esprits*
13/06/1980 *La Télévision dans le collimateur*
20/06/1980 *Autour de Maurice Genevoix*
27/06/1980 *De bons romans pour vos vacances*
04/07/1980 *Avec le temps*
11/07/1980 *Les Plantes et les Petites Bêtes*
18/07/1980 *Avant-garde et tradition*
25/07/1980 *Des Français typiquement français*
05/09/1980 *Des romans de la rentrée*
12/09/1980 *La Guerre des dictionnaires*
19/09/1980 *250e émission : Borges et Le Clézio enfin à* Apostrophes
26/09/1980 *Vie publique et vie privée*
03/10/1980 *Médecins dans le siècle*
10/10/1980 *Le féminisme a-t-il changé les femmes ?*
17/10/1980 *La Saison du roman*

24/10/1980	*Les Coulisses de la politique*
31/10/1980	*Michel Tournier, Jésus, Balthazar et les autres*
07/11/1980	*Le Pouvoir aux États-Unis et en URSS*
14/11/1980	*Comment naissent les grands documents ?*
21/11/1980	*Des écrivains témoins du peuple*
28/11/1980	*Par le fer et par le feu*
05/12/1980	*Au bonheur des gourmands*
12/12/1980	*Les écrivains ne sont pas des petits saints*
19/12/1980	*Norman Mailer*
26/12/1980	*Paroles et musiques*
02/01/1981	*Sorciers et sorcières*
09/01/1981	*Et si on parlait des hommes*
16/01/1981	*Six jours avant l'Académie française*
23/01/1981	*Au carrefour des idéologies*
30/01/1981	*L'histoire et le roman font bon ménage*
06/02/1981	*D'où venons-nous ? où allons-nous ?*
13/02/1981	*Le Roman dans sa diversité*
20/02/1981	*À la recherche des civilisations enfouies*
27/02/1981	*Le Besoin de croire*
06/03/1981	*De l'OAS aux Brigades rouges stratégie de la terreur*
13/03/1981	*Nouveaux documents sur des écrivains pourtant bien connus*
20/03/1981	*Cinéma mensonge, cinéma vérité*
27/03/1981	*Trois grands romanciers venus d'ailleurs*
03/04/1981	*Espions tous azimuts*
10/04/1981	*L'Amour passion*
17/04/1981	*Pardonner à ceux qui nous ont offensés*
24/04/1981	*Comment donner le goût de l'histoire aux enfants ?*
01/05/1981	*Toujours bien vivante la poésie*
08/05/1981	*Mariage et adultère*
15/05/1981	*Profession médecin*
22/05/1981	*Le Bal des débutants*
29/05/1981	*Destins de femmes*
05/06/1981	*D'est en ouest*
12/06/1981	*Le style c'est l'homme*
19/06/1981	*Les Livres dont les princes sont des enfants*
26/06/1981	*Des romans pour vos vacances*
03/07/1981	*Romain Gary et Émile Ajar*
10/07/1981	*Mémoires et journaux intimes*
17/07/1981	*Ils sont fous ces Américains*
24/07/1981	*Tous les chemins mènent en France*
31/07/1981	*Encore des romans pour vos vacances*
07/08/1981	*Horizontalement et verticalement*
14/08/1981	*Napoléon, Mauriac, Céline, etc. poste restante*
21/08/1981	*Bizarre autant qu'étrange*
04/09/1981	*La Rentrée romanesque*
11/09/1981	*300e émission : la guerre d'Algérie*
18/09/1981	*Les Sentiers de la création*
25/09/1981	*Vie, mœurs et reproduction des intellectuels parisiens*
02/10/1981	*La Vie d'artiste*
09/10/1981	*Le Bien et le Mal*
16/10/1981	*Du pouvoir à la tyrannie*
23/10/1981	*Probable possible ou certain*
30/10/1981	*La Politique, un art du cynisme ?*
06/11/1981	*Ah vous dessinez*
13/11/1981	*Occupants occupés*
20/11/1981	*Trois cents héros plus quelques autres*
27/11/1981	*Georges Simenon*
04/12/1981	*Témoins ou acteurs*
11/12/1981	*Les Livres du Québec*
18/12/1981	*Partir*
25/12/1981	*Doris Lessing*
01/01/1982	*Des croyances et des rites en disparition*
08/01/1982	*Tout ceci est-il bien convenable ?*
15/01/1982	*À la rencontre des Français*
22/01/1982	*Histoires de déracinés*
29/01/1982	*Libéral ? vous avez dit libéral ?*
05/02/1982	*Cinq femmes d'aujourd'hui*
12/02/1982	*Les bons romans sont-ils prophétiques ?*
19/02/1982	*Comment s'en sortir*
26/02/1982	*Cartes sur table*
05/03/1982	*On aurait bien aimé les connaître*
12/03/1982	*Attention à la marche de l'histoire*
19/03/1982	*La terre natale inspire les romanciers*
26/03/1982	*Images de marque*
02/04/1982	*Le Siècle des Lumières*
09/04/1982	*Le Trône et l'Autel*
16/04/1982	*La Beauté du mal*
23/04/1982	*Quelles valeurs pour demain ?*
30/04/1982	*Les hommes sont-ils les jouets de l'histoire ou des dieux ?*
07/05/1982	*Les Chemins de la réussite*
14/05/1982	*Quatre grands romans venus des quatre coins du monde*
21/05/1982	*Fou, foot, football*
28/05/1982	*Les écrivains sont de drôles de zigues*
04/06/1982	*En route compagnons*
11/06/1982	*Vous reconnaissez vous dans ces Français ?*
18/06/1982	*Affaires sentimentales*
09/07/1982	*Vous ne respectez donc rien ?*
16/07/1982	*Les Don Juju les Don Juan*
23/07/1982	*L'Italie, ses dieux, ses princes et ses hommes*
30/07/1982	*La Femme dans son miroir*

06/08/1982	*Les Nouveaux Héros de la BD*
20/08/1982	*Le Chat le Cheval et le Loup*
27/08/1982	*Les Marathoniens du livre*
03/09/1982	*Seront-ils couronnés en novembre ?*
10/09/1982	*Dans l'intimité des écrivains illustres*
17/09/1982	*Descente aux enfers*
24/09/1982	*Information et désinformation*
01/10/1982	*Un prix Nobel et trois débutants*
08/10/1982	*Le corps a ses raisons*
15/10/1982	*Culture et politique*
22/10/1982	*De saint François d'Assise à Jean Paul II*
29/10/1982	*En jacter des vertes et des pas mûres*
05/11/1982	*Mourir au champ d'honneur*
12/11/1982	*Méfiez-vous des femmes*
12/11/1982	*Présentation*
19/11/1982	*L'Ambition politique*
26/11/1982	*La Littérature française aujourd'hui aux États-Unis*
03/12/1982	*Le Temps comme il passe*
10/12/1982	*La Cuisine du nouveau ou du réchauffé*
17/12/1982	*La Naissance*
07/01/1983	*Les Esprits romanesques*
14/01/1983	*Les Femmes parlent de la sexualité*
21/01/1983	*Louis Aragon : 1897-1982*
28/01/1983	*Variations sur le pouvoir*
04/02/1983	*La Vie privée des écrivains*
11/02/1983	*Débat politique*
18/02/1983	*Portraits*
25/02/1983	*Ça s'est passé en Amérique*
04/03/1983	*Des romans dans l'histoire*
11/03/1983	*Le Cerveau et l'Âme*
18/03/1983	*Chez les puissants*
25/03/1983	*Images de la femme*
01/04/1983	*La langue française n'est pas xénophobe*
08/04/1983	*Sous le regard du public*
15/04/1983	*Le Monde comme il va*
22/04/1983	*Passez les frontières*
29/04/1983	*Hier l'ambition*
06/05/1983	*À la française*
13/05/1983	*Un couple ne fait pas toujours la paire*
20/05/1983	*Julien Green : la jeunesse d'un grand écrivain*
27/05/1983	*Les Intellectuels face à l'histoire du communisme*
03/06/1983	*Faits divers*
10/06/1983	*Ça s'est passé en Amérique latine*
17/06/1983	*Sagas*
24/06/1983	*Le Cœur dans tous ses états*
01/07/1983	*L'Homme blanc à travers le monde*
08/07/1983	*Destins hors-série*
15/07/1983	*Nouveaux documents sur la guerre de 1940*
22/07/1983	*Les romanciers best-sellers sont-ils heureux ?*
05/08/1983	*Le Génie du lieu*
12/08/1983	*Henri Beyle dit Stendhal*
19/08/1983	*Le Sang dans la médecine*
26/08/1983	*Marx cent ans après sa mort*
02/09/1983	*Deux lauréats et quatre débutants*
09/09/1983	*Amour et violence dans la Rome antique*
16/09/1983	*Après la guerre*
23/09/1983	*400e émission : le vingtième siècle de Raymond Aron*
30/09/1983	*Bien écrire c'est comment ?*
07/10/1983	*La Liberté d'écrire*
14/10/1983	*L'Histoire au service du roman*
21/10/1983	*Amoureux de l'amour*
28/10/1983	*La Peur et la Mort*
04/11/1983	*À l'est quoi de nouveau ?*
11/11/1983	*Les Deux Guerres mondiales*
18/11/1983	*Quelles familles !*
25/11/1983	*Le Pouvoir de l'image*
02/12/1983	*Plutôt pessimiste ou plutôt optimiste ?*
09/12/1983	*Alexandre Soljenitsyne*
16/12/1983	*Mystères de notre ascendance*
23/12/1983	*Le Langage des animaux*
30/12/1983	*Bonne humeur*
06/01/1984	*Les Intellectuels et la Vérité*
13/01/1984	*Les Cadres*
20/01/1984	*Femmes d'influence*
27/01/1984	*Kafka, Orwell, Kundera*
03/02/1984	*Racines*
10/02/1984	*Le Roman dans tous ses états*
17/02/1984	*Albums de familles*
24/02/1984	*À la recherche du bonheur*
02/03/1984	*Des fabriques de cancres ?*
09/03/1984	*Les Affaires criminelles*
16/03/1984	*Les Séductrices*
23/03/1984	*Sur quelques contemporains*
30/03/1984	*Romans*
06/04/1984	*Jeunesses*
13/04/1984	*Les Grands Metteurs en scène*
20/04/1984	*Comment devenir un saint ?*
27/04/1984	*Le Masque et la Vérité*
04/05/1984	*Claude Lévi-Strauss*
11/05/1984	*Femmes dans le couple*
18/05/1984	*Par admiration*
25/05/1984	*De la maladie considérée comme des beaux-arts*
01/06/1984	*Humour et insolence*
08/06/1984	*Autres lieux autres mœurs*

15/06/1984	*Rencontres*
22/06/1984	*À chacun sa France*
29/06/1984	*Femmes de caractère*
06/07/1984	*De toutes les couleurs*
13/07/1984	*Chats et chiens*
20/07/1984	*Personnages contestés*
27/07/1984	*La Saison des best-sellers*
03/08/1984	*L'Avenir de la crise*
10/08/1984	*Hommes de caractères*
17/08/1984	*Flâneries et escapades*
31/08/1984	*Sur la ligne de départ*
07/09/1984	*Les Profs*
14/09/1984	*Les Vieilles Boussoles*
21/09/1984	*Premiers romans*
28/09/1984	*Marguerite Duras*
05/10/1984	*Rebelles*
12/10/1984	*Le Futur aujourd'hui*
19/10/1984	*L'Art de la biographie*
26/10/1984	*Paris Texas*
02/11/1984	*Retouches au portrait de quelques grands écrivains français*
09/11/1984	*Femmes libérées*
16/11/1984	*La Mémoire politique*
23/11/1984	*Les lauriers sont coupés*
30/11/1984	*Recherches et filatures*
07/12/1984	*Des monuments de la République*
14/12/1984	*La Gourmandise*
21/12/1984	*Les Charmes du rétro*
04/01/1985	*Les Meilleurs*
11/01/1985	*Sous les projecteurs*
18/01/1985	*Jeux de mémoire*
25/01/1985	*Les Nouveaux Comportements des Français*
01/02/1985	*À cette époque…*
08/02/1985	*L'Argent et le Pouvoir*
15/02/1985	*Les Mauvais Sentiments*
22/02/1985	*Épisodes convulsifs de l'histoire du monde*
01/03/1985	*Elle et lui*
08/03/1985	*Histoires d'exilés*
15/03/1985	*L'Histoire et les Mythes*
22/03/1985	*Pourquoi écrivez-vous ?*
29/03/1985	*Réussir au féminin*
05/04/1985	*Ce que disent les pauvres*
12/04/1985	*Portraits*
19/04/1985	*Du côté du polar français*
26/04/1985	*Les Intellectuels et la Politique*
03/05/1985	*Les Enfants du sexe et de la littérature*
10/05/1985	*De l'école à l'université*
17/05/1985	*Romans d'amour*
24/05/1985	*Les Journalistes*
31/05/1985	*Le Corps*
14/06/1985	*Stars et débutants*
21/06/1985	*À quatre mains*
28/06/1985	*Le Chemin des aventuriers*
05/07/1985	*Images de guerre*
19/07/1985	*Les Derniers Élans du cœur*
26/07/1985	*Ça va pas la tête ?*
02/08/1985	*Personnages controversés*
09/08/1985	*Les nouvelles sont bonnes*
16/08/1985	*Histoires de couples*
30/08/1985	*Les Succès de la rentrée*
06/09/1985	*L'Académie Goncourt et les « Goncourables »*
13/09/1985	*Hommes d'influence*
20/09/1985	*Les Protestants : tribulation d'une minorité*
27/09/1985	*La 500e*
04/10/1985	*Père et fils*
11/10/1985	*Cohabitation ou collaboration ?*
18/10/1985	*Les Grandes Familles*
25/10/1985	*Sartre et Céline*
01/11/1985	*La Vie des saints*
08/11/1985	*Danger passion*
15/11/1985	*Patrons, PDG, chefs d'entreprise, managers*
22/11/1985	*Sur quelques épisodes du XXe siècle*
29/11/1985	*L'Envers du décor*
06/12/1985	*Le Plaisir des mots*
06/12/1985	*Présentation*
13/12/1985	*Dans la plus stricte intimité*
20/12/1985	*Couleurs senteurs et saveurs*
27/12/1985	*C'est du cinéma*
03/01/1986	*Mouvement d'humeur et d'humour*
10/01/1986	*Les Livres du mois*
17/01/1986	*Femmes enfermées*
24/01/1986	*Les Désordres de l'amour*
31/01/1986	*Les Leaders d'opinion*
07/02/1986	*D'Amandine à Olivier*
14/02/1986	*Les Livres du mois*
21/02/1986	*Émotions, passions, obsessions*
28/02/1986	*Les Hommes de la Terreur*
07/03/1986	*Pendant la campagne électorale lisez des romans*
14/03/1986	*Votez pour la poésie votez Jean Tardieu*
21/03/1986	*La Télévision et maintenant ?*
28/03/1986	*Des hommes de Dieu*
04/04/1986	*La Star et les Débutants*
11/04/1986	*Les Livres du mois*
18/04/1986	*Un stylo dans le patrimoine génétique*
25/04/1986	*Elle et lui : quelle affaire, quel drame !*
02/05/1986	*Quand les héros sont des animaux*

09/05/1986	*Les Livres du mois*
16/05/1986	*Zoom arrière*
23/05/1986	*Ils avaient 20 ans en Mai-68*
30/05/1986	*La Terre et l'Eau*
06/06/1986	*Les Livres du mois*
13/06/1986	*Orient-Occident : le choc*
27/06/1986	*Les Américains à travers leurs romans*
11/07/1986	*La France déchirée*
18/07/1986	*Georges Dumézil*
25/07/1986	*Des romans pour vos vacances*
01/08/1986	*Les Horreurs de l'amour*
29/08/1986	*Des romans très attendus*
05/09/1986	*Des hommes de l'ombre*
12/09/1986	*Les Livres du mois*
19/09/1986	*J'informe, tu désinformes, il désinforme*
26/09/1986	*Familles je vous hais me*
03/10/1986	*Les Livres du mois*
10/10/1986	*Pudeur et impudeur*
17/10/1986	*Diriger*
24/10/1986	*Une soirée cosmopolite*
31/10/1986	*À bas le roi ! vive le roi !*
07/11/1986	*La Passion : ses bonheurs, ses détresses*
14/11/1986	*Les Livres du mois*
21/11/1986	*La Célébration du corps*
28/11/1986	*Romans de prix et hors de prix*
05/12/1986	*La Cohabitation*
12/12/1986	*La Voix au chapitre*
19/12/1986	*La Fête des beaux livres*
26/12/1986	Apostrophes *en chansons*
02/01/1987	*Françoise Dolto*
09/01/1987	*Les Minorités*
16/01/1987	*Familles rétro*
23/01/1987	*L'Écrit et l'Oral*
30/01/1987	*François Jacob « La Statue intérieure »*
06/02/1987	*Les Livres du mois*
13/02/1987	*Vers la crétinisation générale*
20/02/1987	*L'Art du roman*
27/02/1987	*Les Chemins de la réussite*
06/03/1987	*Les Livres du mois*
13/03/1987	*Générations*
20/03/1987	*Les Fêtes de l'esprit*
27/03/1987	*Les Fêtes du corps*
03/04/1987	*La Responsabilité des intellectuels*
10/04/1987	*Les Livres du mois*
17/04/1987	*Bourreaux et victimes*
24/04/1987	*Lech Wałęsa*
01/05/1987	*Pétain, Laval, Brasillach*
08/05/1987	*Les Relations*
15/05/1987	*Les Livres du mois*
22/05/1987	*L'Académicienne et les Académiciens*
29/05/1987	*Les Grandes Familles*
05/06/1987	*Écrivains, vos papiers*
12/06/1987	*Les Livres du mois*
19/06/1987	*Tout nouveau tout beau*
26/06/1987	*Magie des lieux*
03/07/1987	*De bons romans pour vos vacances*
10/07/1987	*Enfances*
17/07/1987	*Les Choses de la vie*
04/09/1987	*La Vie en noir*
11/09/1987	*Les Lectures de Raymond Barre*
18/09/1987	*Les Livres du mois*
25/09/1987	*Des mots pour le dire*
02/10/1987	*Visages de femmes*
16/10/1987	*Elles débutent en fanfare*
23/10/1987	*Les Lectures de Michel Rocard*
30/10/1987	*La Contagion*
06/11/1987	*Les Lauréats*
13/11/1987	*En direct de chez Philippe Auguste*
20/11/1987	*La 600e*
20/11/1987	*Apostrophages*
27/11/1987	*Spéciale Napoléon*
04/12/1987	*Les Lectures de Jeanne Moreau*
11/12/1987	*Qualité France*
18/12/1987	*À la table d'hôte*
01/01/1988	*Le peuple a du rythme*
08/01/1988	*Les Livres du mois*
15/01/1988	*Affaires privées*
22/01/1988	*Tous les plaisirs du roman*
29/01/1988	*Les journalistes politiques racontent les hommes politiques*
05/02/1988	*Posséder, collectionner, accumuler*
12/02/1988	*Souvenirs de jeunesse*
19/02/1988	*Alain Devaquet témoigne*
26/02/1988	*Étiemble*
04/03/1988	*Ça va saigner*
11/03/1988	*Les Livres du mois*
18/03/1988	*Les Grands Travaux*
25/03/1988	*Pub*
01/04/1988	*Les Lectures de l'Abbé Pierre*
08/04/1988	*Les Livres du mois*
15/04/1988	*Arthur Miller*
22/04/1988	*Le Pouvoir des femmes*
29/04/1988	*Portrait souvenirs*
06/05/1988	*Ils débutent et ils sont jeunes*
13/05/1988	*Les Livres du mois*
20/05/1988	*Doit-on les condamner ?*
27/05/1988	*Exercices de médecine*
03/06/1988	Apostrophes *internationales*
10/06/1988	*Le Diable dans la peau*
17/06/1988	*Le Pouvoir et l'Argent*
24/06/1988	*Gilbert Trigano*
01/07/1988	*Faites-en des succès de l'été*

08/07/1988 *Dépaysement garanti*
15/07/1988 *Coups de cœur*
22/07/1988 *Histoires sanglantes, polars, romans noirs*
05/08/1988 *De très vieilles histoires*
02/09/1988 *Françoise Chandernagor ou la première de la classe*
09/09/1988 *Les Livres du mois*
16/09/1988 *Hervé Bazin ou la vie aux Goncourt*
30/09/1988 *Les Romancières*
07/10/1988 *Trois destins*
14/10/1988 *Revel, l'autre Jean-François champion d'escrime*
21/10/1988 *Les Livres du mois*
28/10/1988 *François Furet ou la Révolution française*
04/11/1988 *Gérard Depardieu*
11/11/1988 *Fidélités et trahisons*
18/11/1988 *Les Livres du mois*
25/11/1988 *Les Monstres*
02/12/1988 *Trois grandes biographies*
09/12/1988 *La Civilisation du vin*
16/12/1988 *La Fête des beaux livres*
23/12/1988 *Les Lectures d'Hubert Reeves*
06/01/1989 *Autour d'Edmonde Charles-Roux*
13/01/1989 *Les Années 1980*
20/01/1989 *Quelles femmes*
27/01/1989 *Des tsars aux stars*
03/02/1989 *Morale et politique*
10/02/1989 *Le Sable et la Pierre*
17/02/1989 *À votre santé*
24/02/1989 *Le Choc des cultures*
03/03/1989 *La vie est un long fleuve tranquille*
10/03/1989 *Dans les coulisses du Paris littéraire*
17/03/1989 *Vous n'auriez pas un bon roman ?*
24/03/1989 *Peut-on tout pardonner ?*
31/03/1989 *Les Lectures de Felipe González*
07/04/1989 *L'Humiliation*
14/04/1989 *Dieux et demi-dieux*
21/04/1989 *Les Droits de l'homme*
28/04/1989 *La Fête à Nina Berberova*
05/05/1989 *La Guerre*
12/05/1989 *Justice est faite*
19/05/1989 *La Soirée des magiciens*
26/05/1989 *Les Livres du mois*
02/06/1989 *Cap sur d'autres mondes*
09/06/1989 *Humour et insolence*
16/06/1989 *Sexe, mensonges et rodéo*
23/06/1989 *L'Internationale du roman*
30/06/1989 *Demain on prend la Bastille*
07/07/1989 *Portrait et souvenirs de Roger Stéphane*
21/07/1989 *Deux philosophes français aux États-Unis*
28/07/1989 *Jules Roy*
04/08/1989 *Sade, sadien, sadiste, sado, sadique*
11/08/1989 *Livrets de famille*
18/08/1989 Apostrophes *d'été*
25/08/1989 Apostrophes *d'été*
01/09/1989 *La Composition française*
08/09/1989 *Le Pouvoir de changer la vie*
15/09/1989 *Les Livres du mois*
22/09/1989 *Par qui le scandale*
29/09/1989 *Autour de Guy Bedos*
06/10/1989 *Ciné-roman*
13/10/1989 *Qu'est ce qui ne va pas ?*
20/10/1989 *Comment devient-on romancier ?*
27/10/1989 *Dites-nous la vérité*
03/11/1989 *Histoire secrète*
10/11/1989 *Le Français sans frontières*
17/11/1989 *Les Livres du mois*
24/11/1989 *John Le Carré*
01/12/1989 *Dialogues de savants*
08/12/1989 *Les Artistes et les Femmes*
15/12/1989 *Les Plaisirs populaires*
22/12/1989 *Grand standing*
05/01/1990 *Spécial musée Grévin*
12/01/1990 *Les Tournants de la vie*
19/01/1990 *L'Argent roi aux patrons stars*
26/01/1990 *Au nom du père*
02/02/1990 *L'Argent propre et l'Argent sale*
09/02/1990 *L'Insoutenable Légèreté des êtres*
16/02/1990 *Blessures*
23/02/1990 *Les Secrets du monde*
02/03/1990 *La Fidélité*
09/03/1990 *La Rencontre Eltsine Zinoviev*
16/03/1990 *Le Sexe homicide*
23/03/1990 *Les Mandarins*
30/03/1990 *L'Estomac dans les talents*
06/04/1990 *Gros temps sur les poubelles*
13/04/1990 *Dieu et les journalistes*
20/04/1990 *Les Belles du seigneur*
27/04/1990 *Révélations sur la Deuxième Guerre mondiale*
04/05/1990 *Une idée de la démocratie*
11/05/1990 *Spécial États-Unis*
18/05/1990 *Des vies bien remplies*
25/05/1990 *Spécial URSS*
01/06/1990 *Dernière émission avant la sortie*
08/06/1990 *L'Antépénultième*
15/06/1990 *Vive les écrivains*
22/06/1990 *La Dernière d'*Apostrophes

Ouvrages cités

Andrew Dudley, *André Bazin*, Cahiers du Cinéma, 1983.

Attali Jacques, *La Figure de Fraser*, Fayard, 1984.

Aubrac Lucie, *Ils partiront dans l'ivresse*, Le Seuil, 1984.

Auster Paul, *Moon Palace*, tr. Christine Le Bœuf, Actes Sud, 1990.

Badinter Élisabeth, *L'Un est l'Autre : des relations entre hommes et femmes*, Odile Jacob, 1986.

Badinter Robert, *Libres et égaux... L'émancipation des Juifs sous la Révolution française (1789-1791)*, Fayard, 1989.

Barthes Roland, *Fragments d'un discours amoureux*, Le Seuil, 1977.

Bazin Hervé, *Vipère au poing*, Grasset, 1948.

Bedos Guy, *Petites drôleries et méchancetés sans importance*, Le Seuil, 1989.

Béjart Maurice, *Un instant dans la vie d'autrui*, Flammarion, 1979.

Berberova Nina, *C'est moi qui souligne*, tr. Anne et René Misslin, Actes Sud, 1989.

Besson Patrick, *La Statue du commandeur*, Albin Michel, 1988.

Boulez Pierre, *Points de repère*, Le Seuil, 1985.

Bourdieu Pierre, *La Distinction, Critique sociale du jugement*, Les Éditions de Minuit, 1979.

Boyd William, *Comme neige au soleil*, tr. Christiane Besse, Balland, 1985.

Bradbury Ray, *Fahrenheit 451*, tr. Henri Robillot, Denoël, 1955.

Braudel Fernand, *Civilisation matérielle, économie et capitalisme (XVe-XVIIIe siècle)*, Armand Collin, 1979.

Bruckner Pascal, *Le Palais des claques*, Le Seuil, 1986.

Burgess Anthony, *L'Orange mécanique*, tr. Georges Belmont et Hortense Chabrier, Robert Laffont, 1972.

Burgess Anthony, *Rome sous la pluie*, tr. Georges Belmont et Hortense Chabrier, Seghers, 1978.

Burgess Anthony, *Ce sacré Hemingway*, tr. Léo Dilé et Georges Belmont, Fayard, 1979.

Cabu, *À bas toutes les armées*, Éditions du Square, 1977.

Calvino Italo, *Si par une nuit d'hiver un voyageur*, tr. Danièle Sallenave et François Wahl, Le Seuil, 1981.

Carles Émilie, *Une soupe aux herbes sauvages*, Éditions Simoën, 1978.

Carrère Emmanuel, *Bravoure*, P.O.L., 1984.

Carrère Emmanuel, *La Moustache*, P.O.L., 1986.

Casarès Maria, *Résidente privilégiée*, Fayard, 1980.

Chancel Jacques, *Le Guetteur de rives*, Grasset, 1985.

Charles-Roux Edmonde, *Un désir d'Orient, la jeunesse d'Isabelle Eberhardt,* Grasset, 1988.

Châtelet Noëlle, *Histoires de bouches*, Mercure de France, 1986.

Cocteau Jean, *Lettres à Jean Marais*, Albin Michel, 1987.

Cohen Albert, *Belle du Seigneur*, Gallimard, 1968.

Cohn-Bendit Daniel, *Nous l'avons tant aimée, la révolution*, Barrault, 1986.

Compagnon Antoine, *Ferragosto*, Flammarion, 1985.

Cousteau Jacques-Yves, Paccalet Yves, *À la recherche de l'Atlantide*, Flammarion, 1980.

Decoin Didier, *John l'enfer*, Le Seuil, 1977.

Denisot Michel, *Olé France ! L'épopée des bleus et le guide du Mundial*, Menges, 1982.

Déon Michel, *Mes arches de Noé*, La Table Ronde, 1978.

Des Cars Guy, *Le Crime de Mathilde*, Flamme, 1983.

Di Marco Angelo, *20 ans de faits divers*, Hoëbeke, 1989.

Dispot Laurent, *Manifeste archaïque : pour une morale de la modernité*, Grasset, 1986.

Douglas Kirk, *Le Fils du chiffonnier*, Presses de la Renaissance, 1989.

Druillet Philippe, *Salammbô*, Dargaud, 1983.

Dubertret Marianne, *Fany de bulle en bulle*, JC Lattès, 1984.

Duperey Anny, *Le Nez de Mazarin*, Le Seuil, 1986.

Duras Marguerite, *L'Amant*, Éditions de Minuit, 1984.

Duras Marguerite, *Un barrage contre le Pacifique*, Gallimard, 1950.

Ernaux Annie, *La Place*, Gallimard, 1983.

Fonda Jane, *Le Bel Âge de la femme*, tr. Yvonne Baudry, Christian Bouney, Jean-Pierre Galland, Christian Ramaseul, Robert Laffont, 1985.
Gallo Max, *Garibaldi, la force d'un destin*, Fayard, 1982.
Gallo Max, *Une affaire intime*, Robert Laffont, 1979.
Garcin Jérôme, *Le Dictionnaire : littérature française contemporaine*, Bourin-Julliard, 1989.
Gassman Vittorio, *Un grand avenir derrière moi*, Julliard, 1982.
Godard Jean-Luc, *Jean-Luc Godard par Jean-Luc Godard*, Cahiers du Cinéma, 1985.
Gouze Roger, *Les Miroirs parallèles*, Calmann-Lévy, 1982.
Grass Günter, *Le Turbot*, tr. Jean Amsler, Le Seuil, 1979.
Guibert Hervé, *À l'ami qui ne m'a pas sauvé la vie*, Gallimard, 1990.
Hagège Claude, *L'Homme de paroles*, Fayard, 1985.
Haley Alex, *Racines*, tr. Maud Sissung, Robert Laffont, 1977.
Halimi Gisèle, *Choisir la cause des femmes, le programme commun des femmes*, Grasset, 1978.
Hallier Jean-Edern, *L'Évangile du fou*, Albin Michel, 1986.
Hecht Ben, *Je hais les acteurs*, tr. Michel Arnaud, 10-18, 1983.
Hergé, *Tintin au pays des Soviets*, Casterman, 1930.
Higelin Jacques, *Lettres d'amour d'un soldat de vingt ans*, Grasset, 1987.
Hocquenghem Guy, *Lettre ouverte à ceux qui sont passés du col Mao au Rotary*, Albin Michel, 1986.
Huston Nancy, Kinser Sam, *À l'amour comme à la guerre : correspondance*, Le Seuil, 1984.
Ionesco Eugène, *Hugoliade*, tr. Dragomir Costineanu, Gallimard, 1982.
Irving John, *Le Monde selon Garp*, tr. Maurice Rambaud, Le Seuil, 1980.
Irving John, *L'Hôtel New Hampshire*, tr. Maurice Rambaud, Le Seuil, 1982.
Isorni, *Mémoires (1911-1945)*, Robert Laffont, 1984.
Japrisot Sébastien, *La Passion des femmes*, Denoël, 1986.
Jodorowsky, Mœbius, *L'Incal noir*, Les Humanoïdes Associés, 1982.
Jullian Marcel, *Délit de vagabondage*, Grasset, 1978.
Jullian Marcel, *Je suis François Villon*, Denoël, 1987.
Koltès Bernard-Marie, *La Fuite à cheval très loin dans la ville*, Éditions de Minuit, 1984.
Kundera Milan, *L'Immortalité*, tr. Eva Bloch, Gallimard, 1990.
Labro Philippe, *Un été dans l'Ouest*, Gallimard, 1988.
Lacouture Jean, *De Gaulle, le rebelle*, Le Seuil, 1984.
Laffont Patrice, *Le Visiteur de l'été*, Robert Laffont, 1983.
Lanoux Armand, *Maupassant, le Bel-Ami*, Grasset, 1979.
Le Carré John, *La Maison Russie*, Robert Laffont, 1989.
Le Clézio Jean-Marie Gustave, *Désert*, Gallimard, 1980.
Le Clézio Jean-Marie Gustave, *Le Rêve mexicain ou la pensée interrompue*, Gallimard, 1988.
Le Clézio Jean-Marie Gustave, *Trois villes saintes*, Gallimard, 1980.
Le Goff Jacques, *La Nouvelle Histoire*, Éditions Retz, 1978.
Lessing Doris, *Le Carnet d'or*, tr. Marianne Véron, Albin Michel, 1962.
Lévi-Strauss Claude, Eribon Didier, *De près et de loin : entretiens*, Odile Jacob, 1988.
Lévy Bernard-Henri, *Les Derniers Jours de Charles Baudelaire*, Grasset, 1988.
Loiseau Bernard, *Cuisine, la bonne école pour tous*, Hachette, 1987.
Mailer Norman, *Le Chant du bourreau*, tr. Jean Rosenthal, Robert Laffont, 1980.
Maillet Dominique, *Philippe Noiret*, Henri Veyrier, 1978.
Manchette, Jean-Patrick, *Le Petit Bleu de la côte ouest*, Gallimard, 1976.
Mandryka Nikita, *La Vie quotidienne du Concombre masqué*, Dargaud, 1981.
Mendès France Pierre, *Liberté, liberté chérie*, Fayard, 1977.
Mercadet Léon, *La Brigade Alsace-Lorraine*, Grasset, 1984.
Minc Alain, *L'Avenir en face*, Le Seuil, 1984.
Mitterrand François, *L'Abeille et l'Architecte*, Flammarion, 1978.
Moravia Alberto, *Désidéria*, tr. Simone de Vergennes, Flammarion, 1979.
Morin Edgar, *Pour sortir du vingtième siècle*, Fernand Nathan, 1981.
Morin Edgard, *Vidal et les siens*, Le Seuil, 1989.
Morris Desmond, *Magie du corps*, Grasset, 1986.
Nabe Marc-Édouard, *Au régal des vermines*, Barrault, 1985.
Nabokov Vladimir, *Ada ou l'Ardeur*, tr. Jean-Bernard Blandenier, Gilles Chahine, Fayard,1975.
Nabokov Vladimir, *Lolita*, tr. Éric Chahane, Gallimard, 1959.

Newton Helmut, *Femmes secrètes*, Robert Laffont, 1976.
Newton Helmut, *Nuits blanches*, Filipacchi, 1978.
d'Ormesson Jean, *Le vagabond qui passe sous une ombrelle trouée*, Gallimard, 1978.
Orsenna Erik, *L'Exposition coloniale*, Le Seuil, 1988.
Pavlowitch Paul, *L'Homme qu'on croyait*, Fayard, 1981.
Pauwels Louis, *Le Droit de parler*, Albin Michel, 1981.
Payne David, *Le Dragon et le tigre : confessions d'un taoïste à Wall Street*, Presses de la Renaissance, 1986.
Perec Georges, *La Vie, mode d'emploi*, Hachette, 1978.
Pennac Daniel, *La Petite Marchande de prose*, Gallimard, 1989.
Piaggi Anna, *Karl Lagerfeld : Journal de mode*, Office du livre, 1986.
Quignard Pascal, *Le Salon de Wurtemberg*, Gallimard, 1986.
Reagan Nancy, Novak William, *À mon tour : les mémoires de Nancy Reagan*, Robert Laffont, 1990.
Roberts Jean-Marc, *L'Ami de Vincent*, Le Seuil, 1982.
Roberts Jean-Marc, *Méchant*, Le Seuil, 1985.
Sagan, Françoise, *De guerre lasse*, Gallimard, 1985.
Sagan Françoise, *Le Lit défait*, Flammarion, 1977.
Sagan Françoise, *Un orage immobile*, Julliard, 1983.
Semprún Jorge, *Montand, la vie continue*, Denoël, 1983.
Sarraute Claude, *Dites donc !*, JC Lattès, 1985.
Schnitzler Arthur, *Une jeunesse viennoise : 1862-1889 : autobiographie*, Hachette, 1987.
Signoret Simone, *La nostalgie n'est plus ce qu'elle était*, Le Seuil, 1976.
Simon Claude, *Les Géorgiques*, Éditions de Minuit, 1981.
Soljenitsyne Alexandre, *Le Chêne et le Veau*, tr. René Marichal, Le Seuil, 1975.
Soljenitsyne Alexandre, *L'Archipel du goulag. 1918-1956, essai d'investigation littéraire*, tr. Geneviève Johannet, Le Seuil, 1973.
Sollers Philippe, *Carnet de nuit*, Plon, 1989.
Sollers Philippe, *Femmes*, Gallimard, 1983.
Sollers Philippe, *Le Lys d'Or*, Gallimard, 1989.
Sontag Susan, *La Photographie*, tr. Gérard-Henri Durand et Guy Durand, Le Seuil, 1979.
Sportès Morgan, *Je t'aime, je te tue*, Le Seuil, 1985.
Sulitzer Paul-loup, *Le Roi vert*, Stock, 1983.
Tapie Bernard, *Gagner*, Robert Laffont, 1986.
Tournier Michel, *Le Vol du vampire*, Mercure de France, 1982.
Updike John, *Les Sorcières d'Eastwick*, tr. Maurice Rambaud, Gallimard, 1986.
Updike John, *Navigation littéraire : essais et critique*, tr. Daria Olivier, Gallimard, 1986.
Vadim Roger, *L'Ange affamé*, Robert Laffont, 1982.
Van Cauwelaert Didier, *Les Vacances du Fantôme*, Le Seuil, 1986.
Vargas Llosa Mario, *La Guerre de la fin du monde*, tr. Albert Bensoussan, Gallimard, 1983.
Vargas Llosa Mario, *L'Orgie perpétuelle : Flaubert et Madame Bovary*, tr. Albert Bensoussan, Gallimard, 1978.
Vidal Gore, *Création*, tr. Brice Matthieussent, Grasset, 1983.
Vincenot Henri, *La Billebaude*, Denoël, 1978.
Vincent Jean-Didier, *Casanova, la contagion du plaisir*, Odile Jacob, 1990.
Wiesel Elie, *Le Testament d'un poète juif assassiné*, Le Seuil, 1980.
Wolfe Tom, *Le Bûcher des vanités*, tr. Benjamin Legrand, Sylvie Messinger, 1988.
Wolinski Georges, *À bas l'amour copain*, Albin Michel, 1980.
Yourcenar Marguerite, *Archives du Nord*, Gallimard, 1977.
Yourcenar Marguerite, *L'Œuvre au noir*, Gallimard, 1968.
Yourcenar Marguerite, *Mémoires d'Hadrien*, Plon, 1951.
Yourcenar Marguerite, *Souvenirs pieux*, Gallimard, 1974.

29
3

Crédits photographiques

Les photographies de cet ouvrage issues des fonds d'archives
de l'INA sont réalisées par les photographes suivants :

Pascal Biziou : 18-19, 24-25, 32-33, 104-105

Jean-Paul Chaussé : 128-129, 179, 180-181

Claude Doucé : 12-13, 44-45, 46-47, 48, 50-51, 52-53, 54-55, 62-63, 68-69, 70-71, 72-73, 76-77, 78, 93, 102-103, 112-113, 114-115, 117, 140-141, 144-145, 146-147, 148-149, 158-159, 162-163

Xavier Gassmann : 64-65, 66-67, 80-81, 90-91, 96-97, 98-99, 100-101, 109, 110-111, 118-119, 120-121, 124-125, 126-127, 130-131, 142-143, 176-177, 184-185, 192-193

Dominique Gonot : 20-21, 22-23, 26-27, 30-31, 34-35, 36-37, 38, 40-41, 42-43, 58-59, 60-61, 83, 84-85, 94-95, 106-107, 132-133, 135, 136-137, 138-139, 152-153, 154-155, 156-157, 160-161, 164-165, 170-171, 172-173, 174-175, 220-221

Pierre Guibert : 186-187, 188-189, 190-191, 194-195, 206-207

Marie-Laurence Harot : 198-199

Laurence Labat : 196-197, 204-205

Pierre Lamy : 182-183

Robert Picard : 86-87, 88-89, 122-123, 150-151, 166-167, 168-169, 200-201

Jean-Claude Pierdet : 14-15

Patrick Rivière : 56-57

Pour certaines émissions, l'INA a extrait directement les images
à partir des enregistrements dont nous remercions les réalisateurs :

Jean Cazenave : 202-203

Jacques Cristobal : 74-75

Roger Kahane : 16

Nicolas Ribowski : 28-29

Visionnez toutes les émissions
d'*Apostrophes* sur
madelen.ina.fr/apostrophes

ina madelen /

Merci à Agnès et Cécile Pivot.

Merci à Anne-Marie Bourgnon.

Achevé d'imprimé en novembre 2024 par GPS, Slovénie.